EXPLORATION
DU SAHARA

LES DEUX MISSIONS
DU LIEUTENANT-COLONEL FLATTERS

PAR

le lieutenant-colonel V. DERRÉCAGAIX

AVEC CARTE

EXTRAIT DU BULLETIN DE LA SOCIÉTÉ DE GÉOGRAPHIE
1er Trimestre 1882.

PARIS
SOCIÉTÉ DE GÉOGRAPHIE
Boulevard Saint-Germain, 184
1882

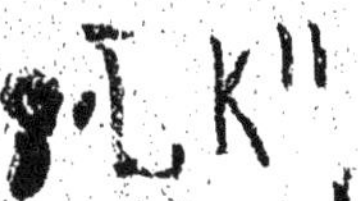

PARIS
CHALLAMEL AINÉ, LIBRAIRE ET COMMISSIONNAIRE
ALGÉRIE, COLONIES, ORIENT, LANGUE ARABE
5, rue Jacob, et rue Furstenberg, 2

PARIS. — IMPRIMERIE ÉMILE MARTINET, RUE MIGNON, 2.

XX

EXPLORATION DU SAHARA

LES DEUX MISSIONS DU LIEUTENANT-COLONEL FLATTERS[1]

I

Le 2 avril dernier, une terrible nouvelle, venue du sud de nos possessions algériennes, se répandait tout à coup dans le public et y causait une douloureuse émotion : *la mission Flatters était anéantie.* Ce fut une pénible et cruelle surprise, car peu de jours auparavant, des lettres rassurantes, parties du Sahara, nous donnaient sur le succès de nos compatriotes, les plus légitimes espérances. On connaissait, il est vrai, une partie des dangers qui les menaçaient, et ce sentiment à lui seul était assez puissant pour donner aussitôt au bruit qui les concernait, une apparence de certitude. Bientôt, le doute ne fut plus permis et le désastre qui les avait frappés, apparut alors dans son implacable réalité.

Un cri de douleur y répondit de tous côtés. C'était la première fois, depuis la funeste épreuve de nos revers, que le sang français coulait de nouveau, sous les coups d'un ennemi acharné.

Le colonel Flatters et ses nobles compagnons venaient en effet de laisser leurs vies dans le désert saharien, victimes à la fois de la trahison, du fanatisme religieux et de la barbarie. Des circonstances épouvantables ont fait de leurs

1. Voy. la carte ci-jointe.

derniers moments, un drame sans précédents, qui suffirait à perpétuer leurs noms, si leurs vaillants efforts et leurs travaux n'étaient restés comme les témoins de leur courage, et comme un titre à l'immortalité.

Dans l'œuvre qu'ils poursuivaient, une partie, la plus intéressante peut-être, appartient aux sciences géographiques.

Pionniers avancés de la civilisation et des intérêts de la France, ils marchaient vers le Soudan, cette source de richesses du continent africain, à la recherche des anciennes routes commerciales qui le reliaient à l'Algérie, étudiant à la fois les ressources du sol, la configuration de sa surface, et les conditions de la vie dans ces lointaines et difficiles régions. C'est cette œuvre qu'il importe de connaître aujourd'hui. Si elle a été arrêtée par des mains meurtrières, elle n'en a pas moins été presque achevée par nos généreux explorateurs et les résultats qu'ils ont obtenus nous montrent que, malgré la désolation de ces contrées, malgré la sauvage cruauté de ses habitants, il y a de ce côté une mission qui est dévolue à notre pays et, à un point de vue même purement scientifique, un honneur à conquérir. Les noms de Flatters et de ses compagnons grossiront désormais, il est vrai, la liste, hélas ! trop longue, des victimes que la science et le progrès comptent déjà sur le sol africain; mais à l'avenir la route est indiquée et, quoique leurs ossements en marquent les étapes, on sait que le succès est possible. Les hommes que la passion du bien et l'amour de la gloire entraînent vers les grandes entreprises, ne se laisseront pas arrêter par un malheur, dont les causes premières, le fanatisme et les circonstances politiques, sont destinées à s'effacer ou à disparaître.

Il appartenait à la Société de Géographie de faire connaître les résultats scientifiques déjà considérables, que la double exploration du colonel Flatters a rapportés. En entreprenant cette tâche, elle a lent i.n ent de vulgariser des notions encore ignorées du public et de contribuer à rendre aux hommes vaillants qui se sont sacrifiés pour l'honneur de la France et des sciences géographiques, l'hommage éclatant que réclame leur mémoire.

II

Premiers projets pour la mise en communication, par voie ferrée, de l'Algérie et du Sénégal avec l'intérieur de la Nigritie. — Création de la Commission supérieure. — Projets de ligne. — Missions d'exploration.

Dans ces dernières années, les récits des nombreux voyageurs qui ont parcouru le continent africain, avaient fait naître en France un courant d'opinion favorable à de nouvelles explorations et à l'étude de futures voies ferrées. Déjà depuis 1875, on s'était préoccupé des ressources du Soudan et des moyens de leur ouvrir des débouchés vers nos possessions. Frappé de ces tendances et poussé par cet esprit d'initiative qui a si souvent conduit les hommes aux grandes découvertes, un ministre distingué, alors à la tête de nos travaux publics, M. de Freycinet, crut devoir, au commencement du mois de mai 1879, charger une commission d'ingénieurs, d'examiner les moyens de relier l'Algérie au Soudan par un chemin de fer. Un mois après, cette commission lui remettait son rapport. Elle concluait à l'étude immédiate d'un avant-projet de chemin de fer entre Biskra et Ouarglâ, sur un parcours de 300 kilomètres et à des explorations individuelles au delà d'Ouarglâ, vers le Niger, en suivant les directions possibles.

Son avis, corroboré par l'opinion extrêmement favorable de deux commissions parlementaires, fut l'objet d'un rapport du Ministre au Président de la République et amena la nomination d'une Commission supérieure. Des personnalités choisies dans les deux Chambres, dans les ministères compétents, en Algérie et dans le sein de la Société de Géographie, furent chargés de la composer, et dix jours après la signature du rapport, le 21 juillet 1879, elle entrait en séance. Parmi ses membres, se trouvait notre collègue M. Duveyrier, dont la compétence sur toutes les questions sahariennes exerça, dès le début, une influence justement remarquée. — Le lieutenant-colonel Flatters, que son long séjour en Algérie, son titre d'ancien commandant supérieur de Laghouat et ses relations personnelles avec les tribus du Sahara, désignaient tout d'abord, fut également appelé à en faire partie, comme délégué du Ministère de la Guerre.

Il est curieux de constater aujourd'hui la faveur dont jouit dès la première séance, au sein de la Commission supérieure, l'idée d'une exploration dans le Sahara central. Cette observation ne servira qu'à rehausser le mérite des voyageurs que nous avons perdus et à montrer que la question, après avoir fait, grâce à eux, un pas considérable, reste encore entière avec son intérêt, ses espérances et son avenir.

Dans une note remise à la Commission par M. de Lesseps, M. Henri Duveyrier s'exprimait ainsi :

« Ce sera une excellente chose que la France fasse un chemin de fer d'Alger à Ouarglâ. Ouarglâ était, il y a deux ou trois cents ans, le grand entrepôt des marchandises de la Nigritie, et les événements politiques qui ont détourné vers Tripoli et Tanger, le commerce des caravanes des pays Haousa et de Timbouktou, n'ont plus aujourd'hui l'influence qui fut préjudiciable à la prospérité de Ouarglâ. Les Turcs ne peuvent plus rançonner les marchands en Algérie, où nous maintenons au contraire la sécurité des routes. La révolution qui a eu pour résultat la scission du royaume des Touâreg du nord, en deux confédérations, celle des Azdjer à l'est, et celle des Ahaggar[1] à l'ouest, est depuis longtemps un fait accompli, et les guerres civiles qui ont bouleversé le pays des Azdjer pendant ces dernières années, ont cessé, espérons-le, de telle sorte qu'il me paraît possible de com-

1. Azdjer et Ahaggar sont les noms Touâreg, auxquels correspondent en arabe les noms Azgar et Hoggar.

mencer une campagne, pour rendre à l'Algérie sa part du commerce de l'Afrique intérieure.

» Avant de tracer un chemin de fer dans le Sahara, au sud de Ouarglâ, il y a, pour nous, une œuvre à entreprendre et cette œuvre doit être à la fois commerciale et politique.

» Son but sera de rétablir le courant des caravanes marchandes du vieux temps : sur les lignes de Ouarglâ à Zinder, Kano et Katsena (pays Haousa) et de Ouarglâ à Timbouktou, vers le Dhioli-ba ou Niger. Ces deux lignes sont indiquées sur ma carte du Sahara central, publiée en 1864, dans les *Toudreg du nord*. Elles courent ensemble de Ouarglâ à Aghellâchem, où elles se bifurquent; la route du Niger, qui passait par Timissao et qui aboutissait autrefois à la ville de Gôgô, devrait maintenant aller sur Timbouktou; l'ancienne route des pays Haousa ou du Soudan proprement dit, passait par la ville d'Agadez et la sebkha d'Amadghôr, mine inépuisable de sel gemme que j'ai tracée sur ma carte à l'est du Ahaggar. »

M. Louis Say, qui avait fait depuis peu une intéressante exploration au sud de Ouarglâ, disait à son tour : « L'Oued Rir est destiné à faire pénétrer la civilisation dans le désert. Les Touâreg viennent amener à Tougourt des autruches et deviennent chasseurs. Tougourt, au centre des trois aghalick du sud, prend une importance considérable. Ouarglâ est la base de tous les travaux dans le sud, etc. » En résumé, dès la première séance, on nomma quatre sous-commissions, qui se mirent aussitôt à l'œuvre :

La première était chargée de l'étude du Soudan et du Sahara, aux points de vue géologique, orographique, commercial, économique, etc.

La deuxième était chargée des questions techniques.

La troisième dont M. Flatters fit partie, devait étudier les explorations; et la quatrième, les questions internationales.

Dix jours après, M. l'ingénieur en chef Fournié, alors directeur de la construction des chemins de fer au Ministère des Travaux publics, nommé rapporteur de la première sous-commission, rendait compte à la commission supérieure, des conclusions adoptées par son groupe. Elles comprenaient cinq projets de lignes ferrées, savoir :

1° Une ligne se soudant à Magenta, au réseau algérien (ligne de Tlélat à Sidi-bel-Abbès et à Magenta, par la vallée de la Mékerra). Elle devait remonter la vallée de la Mékerra jusqu'à Ras-el-Ma, passer entre les chotts de l'ouest et de l'est, et, longeant du côté algérien la frontière du Maroc, rejoindre l'Oued Guir, en un point qui restait à déterminer. Elle suivrait la ligne des oasis du Gourara et du Touât ;

2° Une ligne se soudant à Tiaret, au réseau algérien classé (ligne de Relizane à Tiaret). Elle devait passer à l'est du chott El-Chergui vers Ketifa, laisser Géryville à l'ouest, gagner El-Maïa, l'Oued Zergoun, l'Oued Loua, Goléah et enfin les oasis du Touât ;

3° Une ligne, allant d'Affreville au Touât par Boghar, Laghouat, El-Maïa et Goléah ;

4° Une ligne de Biskra à Tougourt et Ouarglâ, gagnant ensuite Goléah et le Touât ;

5° Une ligne passant par Biskra, Tougourt, Ouarglâ et Timassinine.

Après avoir examiné ces projets, la Commission se réunit de nouveau le 27 octobre, pour délibérer sur un commencement d'exécution. Le rapport adressé au Ministre des Travaux publics sur les propositions des diverses commissions, démontrait la nécessité d'organiser dès ce moment, une série d'études et d'explorations divisées en trois catégories. La troisième catégorie comprenait « une exploration avec escorte indigène, d'Ouarglâ vers Timassinine, le haut Igharghar jusqu'à Idelès et au delà, s'il était possible. Cette caravane se mettrait en relations avec les chefs des Touâreg, et chercherait à obtenir leur appui ».

C'était, en germe, le programme de la première mission Flatters.

Ce fut en effet, dans cette séance, que M. le Ministre des Travaux publics fit connaître le projet présenté à la troisième sous-commission, par le lieutenant-colonel Flatters. Modifié une première fois, il se résumait définitivement en une exploration d'un caractère entièrement pacifique, qu'il s'offrait à diriger de l'Algérie vers le sud, entre le Niger et le lac Tchad, aussi loin que possible. Le Ministre le signala à l'attention particulière de la Commission, ajoutant qu'en tout cas, la mission ne se mettrait en route que lorsque le département des Affaires étrangères se serait concerté, dans la mesure du possible, avec les chefs touâreg, de manière à les prévenir de son caractère pacifique.

Dès ce moment, la mission du regretté colonel était décidée. Lui-même en fit valoir les avantages, avec cette conviction ardente qui fut toujours le cachet de sa généreuse nature.

« Étant commandant supérieur du cercle de Laghouat, disait-il alors, j'ai eu à établir des mémoires officiels sur les relations du Sahara et du Soudan avec l'Algérie. A la suite des études auxquelles j'ai dû me livrer à ce sujet, j'ai acquis la conviction que le mode d'exploration que je propose, présente des chances sérieuses de réussite.... Lors de mon dernier voyage à Ouarglâ, au mois de janvier dernier, étant encore commandant supérieur, des Chambâs qui ont une grande influence dans le pays, m'ont proposé de me conduire chez les Touâreg, et ma personnalité ne leur a paru soulever aucune objection particulière. »

Plus loin, afin de donner à la Commission toutes les garanties possibles sur ses intentions pacifiques, il s'exprimait ainsi :

« Je ferai tout au monde pour ne pas être attaqué; je ne prendrai simplement que des mesures de sécurité et de défense. Il ne s'agit que de se défendre « contre des pillards touâreg qui, en bandes d'une centaine d'hommes, s'en vont en *harkat*, comme on dit dans le pays. Cela ne nous empêcherait pas de nous présenter pacifiquement, de faire des cadeaux aux chefs touâreg; d'acheter le concours des uns, la neutralité des autres; de tâcher de faire naître l'intérêt pour le chemin de fer en démontrant ses avantages; de bien préciser que nous n'entendons pas nous annexer le pays; de rétrécir notre zone d'action, plutôt que de nous exposer à une résistance insurmontable, quand nous ne pourrons obtenir le passage de bon gré. »

Telle était la pensée simple, pratique et avant tout humanitaire, qui précisait, dans l'esprit de Flatters, le programme de son entreprise. Il réussit à faire partager sa conviction à ses collègues et l'organisation de son voyage fut votée séance tenante.

Quelques jours plus tard, le 7 novembre, M. le Ministre des Travaux publics, en lui confiant sa mission, la définissait en ces termes :

« J'ai l'honneur de vous informer que, conformément à l'avis de la Commission supérieure instituée pour l'étude des questions relatives à la mise en communication par voie ferrée, de l'Algérie avec l'intérieur du Soudan, je vous charge de diriger une exploration avec escorte indigène, pour rechercher un tracé devant aboutir dans le Soudan, entre le Niger et le lac Tchâd.

» Vous aurez à vous mettre en relation avec les chefs des Touâreg et à chercher à obtenir leur appui.

» Je vous invite à me faire connaître dans le plus bref délai, les bases d'organisation de l'expédition dont il s'agit, de manière à lui conserver un caractère essentiellement pacifique, ce qui est la condition *sine qua non*, de la mission. »

Des instructions avaient été préparées par les soins de la troisième sous-commission. Mais M. de Freycinet ne voulant pas lier l'explorateur par un texte impératif, lui écrivit le 13 décembre :

« J'ai l'honneur de vous adresser, à titre de renseignements, les instructions rédigées par la troisième sous-commission. L'incertitude où l'on est jusqu'à présent au sujet des régions à explorer, et qui justifie précisément la mission qui vous est confiée, ne permet pas d'apprécier exactement dès à présent, la valeur des indications géographiques ou techniques, contenues dans ce document.

» Il vous appartiendra de discerner, au cours de votre voyage, le parti qu'il vous sera possible de tirer des conseils donnés par la troisième sous-commission, d'après les hypothèses les plus vraisemblables. »

Cette largeur de vues du Ministre qui avait eu l'initiative de l'entreprise, était pour le colonel Flatters un nouveau sujet d'encouragement. Ayant reçu d'autre part l'approbation officielle de son chef direct, le Ministre de la Guerre, il ne lui restait plus qu'à choisir ses collaborateurs et à attendre le vote parlementaire des crédits qu'exigeait sa mission.

III

Composition de la première mission d'exploration du lieutenant-colonel Flatters. — Répartition des services. — Mise en route du personnel. — Voyage de Paris à Tougourt.

A la fin de décembre 1879, tout était prêt et la première mission d'exploration du Sahara était constituée, sous le rapport du personnel et de la répartition des services, de la façon suivante :

1° Chef de la mission : M. le lieutenant-colonel *Flatters*.

2° Commandant en second, service de marche, relations politiques, cartes par renseignements : M. *Masson*, capitaine du service d'état-major, auquel étaient adjoints :

MM. *Bernard*, capitaine d'artillerie;

Le Chatelier, sous-lieutenant au 1er régiment de tirailleurs algériens, adjoint au bureau arabe de Bousâada;

Brosselard, sous-lieutenant au 4° de ligne.

Ces trois derniers officiers ne firent pas partie, plus tard, de la seconde exploration.

3° Service géodésique, météorologique, recherche d'un tracé de voie ferrée :

M. *Béringer*, ingénieur au cadre auxiliaire des travaux de l'État. Il avait pour adjoints :

MM. *Cabaillot*, conducteur des ponts et chaussées;

Rabourdin, chef de section du cadre auxiliaire des travaux de l'État.

Tous deux ne devaient pas non plus faire partie de la seconde mission.

4° Service géologique et hydrologique :

M. *Roche*, ingénieur au corps des mines.

5° Service médical, zoologie, botanique :

M. le docteur *Guiard*, médecin aide-major de première classe au 2e régiment de zouaves.

En tout, dix membres choisis dans le personnel des employés de l'État et comptant :

5 officiers,

2 ingénieurs,

2 agents des travaux publics,

1 médecin militaire.

Pendant toute cette période de préparation, dans laquelle Flatters eut d'abord à faire triompher ses idées, à déterminer son programme, à fixer la limite de ses itinéraires, à achever enfin l'organisation de son expédition, il fut puissamment aidé par l'administration centrale des travaux publics. Elle avait alors à la tête du service de la construction des chemins de fer, un homme généreux, à l'esprit distingué, aux conceptions larges, au travail intelligent et facile, M. Fournié, ingénieur en chef des ponts et chaussées, aujourd'hui en retraite, dont le sympathique concours fut acquis dès le début aux efforts du chef de la mission. Plus particulièrement chargé de veiller à la réalisation des décisions du Ministre, en tout ce qui concernait l'exploration saharienne, il eut l'initiative de la plupart des instructions transmises au lieutenant-colonel Flatters et des mesures de détail qui l'intéressaient. Déjà lié avec quelques-uns des membres de la mission, il devint bientôt leur ami, et, dans les heures de découragement qui marquèrent certains moments de ces périlleux voyages, il sut être leur appui et leur soutien. Une large part doit donc lui revenir dans le mérite des conceptions, dans l'accomplissement des deux explorations et dans les résultats que la géographie enregistre aujourd'hui.

Grâce à lui et à l'activité de Flatters, dès les premiers jours de janvier 1880, le personnel de la première mission ayant complété son matériel, était prêt à se mettre en route.

Nos explorateurs quittèrent Paris, pleins d'entrain et d'espoir, le 7 du même mois.

A Marseille, deux jours après, ils reçurent de M. le général Saussier, alors commandant du 19e corps d'armée, l'accueil le plus sympathique et arrivèrent le 12 à Alger, où M. le gouverneur général et M. le secrétaire général du gouvernement, voulurent leur témoigner à leur tour les meilleurs encouragements.

Cependant, ils ne firent que passer; leur temps était compté; le 14, ils s'embarquaient pour Philippeville, et arrivaient le 20 à Constantine, où M. le général commandant la division mettait à leur disposition, tous les moyens dont il disposait. Après avoir complété quelques achats de matériel, ils forment leur convoi de marche qui part le 25 pour Biskra, sous la conduite du capitaine Masson. Les bagages étaient chargés sur des voitures du train des équipages et sur des voitures louées; une escorte de 8 chasseurs d'Afrique accompagnait le convoi. Le colonel Flatters et les chefs de service prirent la voiture publique, qui les débarqua à Biskra, le 31. Le convoi les rejoignit le lendemain.

C'est dans cette ville, située sur la limite nord des régions sahariennes, que devait commencer l'organisation de la caravane. Il fallut, pour le transport du matériel, louer des chameaux qui devaient aller jusqu'à Tougourt. Là, il était convenu qu'on les remplacerait par d'autres qui se rendraient à Ouarglâ, où l'on se procurerait enfin par voie d'achat ou de location, les bêtes de somme destinées à suivre définitivement l'expédition.

Le personnel subalterne fut également choisi. Le chef de la mission fit mettre à sa disposition : 12 soldats du 3e bataillon d'infanterie légère d'Afrique, qui devaient servir d'ordonnances pendant la durée du voyage, et 10 spahis d'escorte, qui devaient être remplacés en route. Il s'adjoignit en outre :

Un employé civil, comme cuisinier, et 7 indigènes, Arabes du Sud, comme hommes de service.

Le 7 février 1880, jour de son départ de Biskra pour Tougourt, la mission comprenait un total de quarante personnes, et son itinéraire fut fixé comme il suit :

Le 7 à Saada.
Le 8 — Chegga.
Le 9 — Oum el Thiout.
Le 10 — Mraier.
Le 11 — Nza ben Rzig.
Le 12 — Tamerna.
Le 13 — Ghamera.
Le 14 — Tougourt.

Le levé de l'itinéraire et les observations furent immédiatement commencés; c'était une préparation au travail de l'exploration proprement dite.

A Tougourt, l'expérience acquise pendant les huit premiers jours de marche, conseilla quelques changements dans la constitution de la caravane. Il fallut louer d'autres chameaux, renvoyer 3 hommes du bataillon d'Afrique qui étaient insuffisants et un indigène qui n'était propre à rien ;

vendre 3 chevaux hors d'état de marcher et recruter huit nouveaux indigènes, à titre de chameliers. Pour être au complet, il manquait encore à la mission son escorte définitive, quelques chameliers à prendre à Ouarglâ et les derniers chameaux destinés à l'exploration dans le Sud.

Les ressources locales laissèrent aussi à désirer. Les Juifs avaient accaparé les bêtes de somme dans l'espoir de réaliser un bénéfice; ce qui ne permit pas d'acheter plus de huit chameaux et quelques *tellis* [1]. Cependant la mission fut aidée par le commandant supérieur de Biskra qui était en tournée, et par l'agha de Tougourt, Si Ismaïl, qui lui donnèrent tous deux leur concours le plus dévoué.

Avant de quitter ce poste avancé, le lieutenant-colonel reçut une visite qui eut sur les résultats de son voyage, et sur le prestige dont il devait jouir aux yeux des Sahariens, une heureuse influence.

Si Mohammed Sghir, chef de l'ordre religieux de Tidjani, et Si Maammar ben Hadj Ali, son frère, tous deux marabouts célèbres et vénérés de la zaouïa de Temacin, se rendirent près de lui. Très puissants comme chefs religieux dans tout le sud de l'Algérie, ces deux indigènes exercent une suprématie qui s'étend jusqu'au Sahara. Leur appui devait être une force pour l'expédition, et à la suite d'une lettre que leur avait écrite le général commandant la division de Constantine, ils s'empressèrent de le mettre au service de nos explorateurs.

Dans un dîner donné par l'agha Si Maammar, le chef des affaires temporelles de l'ordre de Tidjani et son maître de fait, porta un toast au succès de la mission. Cet incident insignifiant en lui-même, avait cependant une portée dont Flatters se rendit compte et qu'il a signalée depuis, dans son journal de route. C'était, de la part de Si Maammar, une

1. Sacs en laine servant à arrimer les charges.

sorte d'engagement personnel, chose rare dans les mœurs indigènes, surtout de la part d'un personnage religieux jouissant d'une grande notoriété. Il est vrai que le lieutenant-colonel, connaissant le prix des bonnes dispositions du marabout, avait eu soin de lui remettre, de la part du Ministre des Travaux publics, un cadeau spécial avec promesse d'un plus important au retour.

IV

De Tougourt à Ouarglâ. — Partie inexplorée de l'Oued Igharghar. — Détails géographiques sur la région nord de cet oued. — Droit de protection des tribus. — État général du sol.

Le 18 février, la mission alla camper à Tamelhat, à 1 kilomètre de Temacin, où son chef se rendit pour faire, à son tour, une visite aux marabouts et achever de mettre à profit leur bonne volonté. La réception fut aussi cordiale qu'il pouvait le désirer; ils lui remirent des lettres destinées aux Touâreg et lui promirent de le faire accompagner par un *mokhaddem*[1] de leur ordre, Si Abdel Kader ben Mrad, représentant de leur pouvoir religieux, qui devait le rejoindre à Ouarglâ. Rien ne pouvait être plus utile aux yeux des indigènes qui furent frappés de l'empressement des marabouts et en gardèrent une impression favorable.

Le lendemain 19, eut lieu le départ pour Ouarglâ. La caravane, complétée tant bien que mal à Tougourt, comptait alors :

10 membres de la mission;

4 ordonnances dont un indigène, venus de France ou pris en route;

9 hommes du bataillon d'Afrique, ordonnances, charpentier, maréchal-ferrant, secrétaire;

1. Délégué religieux.

1 employé civil;

6 indigènes, employés comme hommes de service.

Elle fut divisée en deux convois : l'un, sous les ordres du capitaine Masson, assisté de M. Brosselard, devait suivre la route ordinaire, avec le gros des bagages; l'autre allait commencer ses études par la région encore inexplorée de l'Oued Igharghâr.

Le convoi avait pour itinéraire :

Le 19 à Melah.
Le 20 — El Hadjira.
Le 21 — Ngoussa.
Le 24 — Ouarglâ.

Le levé expédié de cette direction, confié aux soins de M. Brosselard, devait servir d'exercice pour les opérations ultérieures.

Quant au reste de la mission, il allait tenter une pointe vers la partie septentrionale de l'Oued Igharghar, afin de suppléer aux vagues renseignements de la carte de l'État-major ; puis, pousser jusqu'à Hassi ould Miloud, et se rabattre ensuite sur Ouarglâ.

C'est donc à Tougourt que commence l'exploration proprement dite.

Le 19, après une halte à Aïn Djedida, la mission se rendit à Aïn Bou Semah, à 30 kilomètres environ de Tamelhat. Dans cette première journée, elle recueillit des renseignements sur la topographie du pays et constata qu'il n'y avait pas de lit de rivière à sec, comme la carte l'indiquait, mais une succession de cuvettes ou *dayas*, séparées par des seuils de sable, qu'une abondante végétation avait immobilisés.

« A l'est de la route parcourue le 19, dit le lieutenant-colonel dans son journal de route, est l'Oued Sidi bou Hania, qui serait à peu près un lit de rivière sur une longueur de 8 ou 10 kilomètres ; mais d'après le dire de certains, le tout, au lieu de constituer l'Oued Igharghar venant du sud, coulerait au contraire, s'il y avait de l'eau, du nord au sud pour aller vers la sebkha, c'est-à-dire l'élargissement de Matmat, où aboutirait de son côté l'Oued Igharghar ou Oued si Oudi. Un nivellement précis pourrait seul donner des preuves pour ou contre. Ce qui paraît démontré, c'est qu'en somme, il n'y a pas de lit proprement dit et que la pente générale est insignifiante.

» C'est un système analogue à celui de l'Oued Ghir, où, malgré le mot *oued*, qui signifie littéralement rivière, il n'y a qu'une succession de chotts ou lacs. Ici, les chotts sont réduits à l'état de dayas, c'est-à-dire de cuvettes de peu d'étendue, et les seuils ou dunes, fort enchevêtrés, occupent les cinq sixièmes de l'oued. »

Cette observation, qui rectifie une erreur admise jusqu'à ce jour, semble avoir frappé les yeux des membres de la mission, dès leurs premiers pas dans la région des dunes.

Le 20, le bivouac fut transporté d'Aïn Bou Semah à Matmat, à 18 kilomètres au sud-est. « L'Oued Sidi Bou Hania, dit le colonel, arrive par l'est, dans la daya ; à l'ouest, son lit, qui semble continuer, devient l'Oued Igharghar. Le tout offre une pente peu appréciable, sans nivellement précis. »

Nos voyageurs rencontrèrent, à Matmat, une *kouba*[1] vénérée, sorte de mausolée élevé par les Chambâs[2] à la mémoire d'une femme marabout, devenue célèbre sous le nom de Lalla Meurdhia.

C'est aussi sur ce point qu'ils furent rejoints par quatre mokhaznis Chambâs, envoyés d'Ouarglâ pour remplacer les spahis de Tougourt et destinés à suivre l'exploration dans le sud. Ils apportaient des lettres du commandant supérieur du cercle de Laghouat et de l'agha d'Ouarglâ, annonçant

1. *Kouba*, chapelle.
2. Chaanbas, d'après M. Duveyrier.

que la mission trouverait dans ce poste tout ce qui lui était nécessaire. L'un d'eux, ancienne connaissance du colonel, l'assura de son dévouement et de celui de tous les Chambâs.

Le 21, la mission se rendit à Hassi ould Miloud, marchant ainsi dans le lit de l'Oued Igharghar, dont la configuration semble frapper encore l'attention de son chef. « Ce lit, dit-il, est de plus en plus indéterminé ; c'est une bande de dunes et de dayas, dont la largeur semble varier de 2 à 10 kilomètres et où l'on a de la peine à se figurer un thalweg quelconque. Elle fait tant de méandres vaguement dessinés, que s'il y avait de l'eau, on aurait en somme un immense lac allongé, où les contreforts de séparation des détours, émergeraient en forme d'îlots de sable !... Autant dire, comme il a été remarqué déjà, que depuis El Goug, il n'y a pas, à proprement parler, de lit de l'Oued Igharghar.

» Toutefois, à hauteur de Hassi ould Miloud, le long de la dune, il y a apparence d'un lit ou cuvette allongée de 5 à 6 kilomètres ; mais cela ne change rien, en somme, à l'appréciation générale. On n'est même pas d'accord dans le pays, pour savoir dans quel sens coulerait l'eau, s'il y en avait ; mais l'eau, dans l'Oued Igharghar, c'est le domaine de la légende arabe. On a vu couler l'Oued Mzab, l'Oued Mia, etc. ; et là, il n'y a pas de doute ; mais personne, ni de la génération actuelle, ni de la génération précédente, n'a jamais vu couler l'Oued Igharghar.

» Pour celui qui n'est pas prévenu, il n'y a là ni rivière, ni trace de rivière. Cependant, pour tous les indigènes, c'est bien un oued, dans le lit duquel on chemine plus ou moins. Par « oued » il faut entendre ici une sorte de dépression, plus ou moins interrompue çà et là, dans le genre de ce qu'on est convenu d'appeler l'Oued Ghir : mais les chotts étant réduits par les dunes et par les mouvements du terrain.

» Quoi qu'il en soit, les renseignements recueillis tendent à démontrer que l'indétermination de l'Oued Igharghar commence au-dessus d'El Biodh, et même déjà plus haut. »

A l'est de l'Oued Igharghar, la mission put constater l'existence d'une plaine d'un abord facile, qui porte le nom de *sahel* ou de *sahou*, mots arabe et berbère qui signifient tout deux facile, fertile.

Dans le milieu de la même journée, elle aborda le pays de l'*erg*[1], région des dunes, qui se présente ici comme un prolongement courant vers le Souf, des grandes dunes qui passent au sud d'Ouargla et vers Ghadamès. Peu d'instants après, elle atteignit Hassi ould Miloud.

Le lendemain 22, elle reprit sa route à l'ouest, repassant dans l'Oued Igharghar, qui, en cet endroit, paraît avoir un lit bien dessiné, sur un parcours de 4 à 5 kilomètres, en remontant au sud. Ce fait est également signalé par M. Duveyrier dans son livre. «Il ne doit pas, écrivait le lieutenant-colonel, modifier l'idée générale que l'on peut se faire de l'oued, car, au sud, d'après les renseignements recueillis, les cuvettes deviennent d'autant plus resserrées qu'elles sont envahies par les grandes dunes. »

Le 23 fut une journée sans eau, car la caravane ne put atteindre son campement d'Hassi Rebaïa; elle consomma l'eau des tonneaux et se rendit le 24, en marchant toujours à l'ouest, à Hassi Hofrat Chaouch, où devait passer à son tour, quelques jours plus tard, M. l'ingénieur Choisy.

Hofrat Chaouch, le «trou *du chaouch*,» doit son nom à un de ces événements tragiques, si communs dans le Sahara, qui eut pour cause première le payement d'un impôt en

1. *Erg*, dérivation du mot *arga*, grande dune; *areg*, pluriel d'arga; *armath*, petite dune, généralement mobile. L'armath se modifie suivant les circonstances atmosphériques. Les areg, au contraire, ne se modifient pas sensiblement.

usage dans ces contrées, sous le nom de *ghefara*, droit de protection.

Les renseignements que nous a transmis à ce sujet le chef de la mission, touchent en même temps de trop près à la situation politique des régions parcourues, pour ne pas leur laisser leur originalité propre, en reproduisant textuellement son récit.

« Il y a quelques centaines d'années, dit-il dans son journal, Ouarglâ payait sinon un impôt, du moins une ghefara, au bey de Tunis, qui envoyait chaque année un chaouch, pour toucher en argent ou en nature. Une année, le chaouch, après avoir reçu son argent, s'était remis en route, lorsque le cheikh Bou Rouba des Chambâs l'ancêtre d'après la tradition, des Chambâs d'Ouarglâ, courut après lui, l'atteignit à El Hofra, le tua et emporta l'argent. Le bey de Tunis, trop loin pour venger cet affront, ne s'en préoccupa guère et Bou Rouba, par ce fait, se substitua à lui pour toucher le ghefara d'Ouarglâ.

» Les Chambâs ont perçu cet impôt jusqu'à l'occupation française, et même quelque peu depuis ; ils le touchent encore d'autre part, de Ghadamès, par exemple, qui leur donne à ce titre, deux négresses par an. Mais il faut qu'ils aillent les chercher ; car, sans cela, on ne les leur enverrait pas.

» Ce droit de ghefara est le droit de protection du Sud. C'est, en général, le nomade qui le perçoit sur les oasis. Il devient ainsi le patron des Ksouriens[1], pour protéger leurs convois.

» Les Larbâ de Laghouat le percevaient dans l'Ouest, sur Metlili et sur le Mzab. Les Touâreg le perçoivent sur Rhât, Ghadamès, etc. L'administration française l'a aboli en

1. Ksourien, habitant du *ksar*, village (au pluriel, *ksour*). Les Ksouriens sont les habitants sédentaires du Sahara.

Algérie par une police efficace des routes. Comme d'ailleurs, tel percevait le ghefara des uns qui le payait aux autres, le nouveau système n'a pas soulevé une bien grande opposition.

» Hofrat Chaouch[1] est resté célèbre dans le pays, par la grande *ghazia* qu'y exécutèrent en 1826, les Touâreg Azgars ou Azdjer, contre les Chambâs; 60 de ces derniers y périrent. Les Chambâs se vengèrent depuis, en exécutant contre les Azgars, deux ghazias, un peu au nord de Rhât. 48 Azgars succombèrent dans l'une et 52 dans l'autre. Depuis dix ans environ, on considère l'honneur comme sauf entre les deux tribus, et Azgars et Chambâs vivent en bonne intelligence.

» Cette levée des Azgars en 1826, avait pour cause les intrigues d'un Targui[2] qui prétendit, à son retour d'Ouarglâ, avoir été molesté en route. » De là des susceptibilités, puis des inimitiés, enfin une guerre. Elle est heureusement finie et les Touâreg attribuent, dit-on, ce résultat aux Français et à leur fermeté.

Le 25, la mission n'était plus qu'à huit kilomètres environ d'Ouarglâ, quand elle vit s'avancer à sa rencontre, l'agha, accompagné de tous les caïds de l'aghalik. Ils venaient, suivant l'usage traditionnel des Arabes, rendre hommage aux nouveaux arrivants, représentants à leurs yeux de l'autorité souveraine. « La réception, du reste, fut des plus sympathiques, écrivit Flatters. Les indigènes paraissaient revoir avec plaisir l'ancien commandant supérieur de Laghouat, et tous lui firent les meilleures protestations de bon vouloir. »

Le capitaine Masson étant arrivé par Ngoussa, le 26, la mission se trouva de nouveau réunie. Le mokhaddem de Tamelhat était aussi arrivé à Ouarglâ.

1. Hofrat Chaouch, pour Hofra ech Chaouch.
2. *Targui*, singulier de Touâreg.

Les renseignements recueillis sur les ressources du sol, dans ce trajet de Tougourt à Ouarglâ par Hassi ould Miloud, peuvent se résumer ainsi :

PARCOURS.	NATURE DU SOL.	VÉGÉTATION.	EAU.
Le 10, de Tamelhat à Aïn bou Semah env. 30 kil.	Sable durci ou reg mi-meuble ou nebka.	Végétation suffisante pour les chameaux : rita, belbel.	A Aïn bou Semah, eau abondante et bonne.
Le 20, d'Aïn bou Semah à Hassi Matmat. 18 kil.	Sable dur ; nebka et gypse cristallisé.	Végét. abondante, rita, belbel, drin.	»
Le 21, de Matmat à Hassi ould Miloud. 18 kil...	Sable dur. Erg.	Végét. rare, drin clairsemé.	»
Le 22, d'Hassi ould Miloud à Hassi Oussiah. 28 kil...............	Reg et nebka.	»	»
Le 23, d'Hassi Oussiah à Khechem er-rih. 30 kil.	Reg et nebka.	Végét. suffisante : damrân, armodh.	Pas d'eau. L'eau est à Rebaïa.
Le 24 février, de Khechem er-rih à Hofrat Chaouch. 17 kil..........	Reg.	Végét. abondante, damran, belbel, armodh, drin.	Eau abondante, mais médiocre.
Le 25, d'Hofrat Chaouch à Ouarglâ. 30 kil.....	Reg, terrain de chott desséché.	»	Eau abondante et bonne.
TOTAL. 171 kil. environ.			

Il résulte de ces premières observations, que les terrains parcourus de Tougourt à Ouarglâ ont pour caractères généraux, dans la partie nord de l'Oued Igharghar, un sol composé de sable assez ferme, une végétation suffisante pour les besoins des animaux et des eaux très abondantes.

Ces données, du reste, ne sont pas les seules dont la géographie aura à s'enrichir ; car, en ne citant que les points principaux de l'itinéraire, nous trouvons dans les notes rapportées par la première exploration, les indications ci-après :

CAMPEMENTS.	LONGITUDE.	LATITUDE [2].	TEMPÉRATURE à heure APRÈS-MIDI.	BAROMÈTRE.	ALTITUDE [3].	TEMPÉRATURE [4].	OBSERVATIONS.
Tougourt........	3° 38′ 15″ [1]	33° 06′ 42″	de + 15°,5 à + 24°	millim. 752 à 761	79	beau.	vent d'O.-S.-O.
Temacin........	3° 49′ 0″	33° 1′ 0″	+ 21°,5 —	756 — 757,5	72	id.	— N.-N.-O.
Aïn bou Semah..	3° 47′ 15″	32° 43′ 55″	+ 20° —	756 — 760	85	id.	— N.-O.
Matmat.........	3° 55′ 0″	32° 37′ 35″	+ 22°,5 —	755,3 — 758	108	id.	— S.-O.
Hassi ould Miloud.	4° 1′ 30″	32° 30′ 35″	+ 22°,5 —	756,5 — 760	116	id.	— S.-O.
Hassi Oussiah...	3° 47′ 05″	32° 23′ 25″	+ 28° —	751,5 — 756	132	assez beau.	— S.-S.-O.
Campement du 23 février........	3° 32′ 30″	32° 11′ 50″	+ 24° —	748 — 758,5	161	beau.	— O.
Hofrat Chaouch..	3° 0′ 26″	32° 9′ 35″	+ 22° —	750 — 752	150	id.	— N.-E.
Ouarglâ.........	3° 6′ 20″	31° 58′ 00″	+ 11°,6 à + 24°	740,0 — 752,5	170 [4]	orages.	— S.

1. La longitude obtenue pour Tougourt, place cette ville plus à l'est que les cartes du Dépôt de la Guerre.
2. Les observations en latitude ont été faites avec un théodolite petit modèle, donnant la minute.
3. Les altitudes sont le résultat des nivellements barométriques de M. Béringer.
4. 163 mètres, d'après M. l'ingénieur Choisy, qui donne également pour les coordonnées de Ouarglâ : longitude, 2° 59′ 18″, et latitude, 31° 57′ 36″. Sa latitude, déterminée avec un instrument plus parfait que ceux de la mission Flatters, s'applique au minaret de la mosquée sud.

Les coordonnées géographiques ci-dessus, obtenues par le calcul, ne concordent pas absolument, au moins pour les longitudes, avec celles que l'itinéraire a fait ressortir. Aussi, d'après M. l'ingénieur Béringer lui-même, elles étaient destinées à subir une modification ultérieure.

A Ouarglâ, l'exploration n'était encore que commencée; il fallait maintenant procéder à son organisation définitive et se préparer à la véritable traversée du Sahara, dans des directions à peu près inconnues et au milieu d'une région dont les difficultés exigeaient à l'avance les soins les plus attentifs. Le séjour à Ouarglâ ne devait pas avoir d'autre but.

V

Séjour à Ouarglâ. — Organisation définitive de la caravane. — Difficultés pratiques. — Prix de locations.

Dès l'arrivée à Ouarglâ, le lieutenant-colonel Flatters s'occupa des mesures propres à faciliter son excursion vers les régions du sud. Ce qui lui importait le plus, c'étaient les guides et les moyens de transport. Ni les uns, ni les autres ne lui faisaient défaut; il s'agissait seulement de bien choisir les premiers et d'obtenir les seconds à un prix raisonnable.

« L'idée qui semblait dominer chez les Chambâs, écrivait-il à ce sujet, c'était de nous conduire, leur caïd en tête, et de former exclusivement à eux seuls notre caravane. Il est certain qu'ils sont à même de nous bien guider, en raison de leur connaissance du pays des Touâreg, jusqu'à la latitude de Rhât. Cependant, il y a bien des réserves à faire en ce qui concerne l'exclusion d'autres indigènes, et il ne convient d'ailleurs, en aucune manière, de transformer l'exploration en une sorte de réquisition de tribu. »

Un fait à noter, c'est que peu d'entre eux s'offraient pour guider la mission au delà de Rhât. « Nous ne connaissons pas le pays au sud de cette ville, disaient-ils. En allant avec vous, nous voulons pouvoir répondre de vous et vous conduire en toute sécurité. Nous répondons de tout jusqu'à Rhât. Les Touâreg Azdjer sont nos amis; sur leur territoire, nous sommes certains d'arriver. Avec les Hoggar, nous sommes bien; mais il nous faut tâter le terrain. »

Ces réticences montraient déjà que le danger ou l'obstacle devait venir des Hoggar[1]. Mais à cet égard, il n'y avait encore rien de précis.

Les Chambâs offraient à Flatters de le conduire par Timassinine et lui conseillaient d'envoyer de ce point, cinq ou six d'entre eux, avec le mokhaddem de Sidi Tidjani, à deux ou trois jours en avant, pour préparer les voies. Si la négociation avec les Hoggar réussissait, ils assuraient qu'il pourrait traverser leur territoire et qu'ils l'accompagneraient. Sinon ils inclineraient vers l'est, dans le pays des Azdjer, et, comme il exprimait le désir de s'écarter des routes déjà suivies, ils lui promettaient de le mener par un autre chemin que celui de Si Ismaïl Bouderba.

Bien que 40 jours suffisent pour aller d'Ouarglâ à Rhât, ils s'engageaient à faire durer ce voyage une centaine de jours, pour lui permettre d'explorer à son aise. « C'est à Rhât seulement, qui est comme une sorte de port dans le Sahara, disaient-ils, que vous trouverez à vous organiser pour le Soudan. » Ils lui indiquaient les Tynilkoum comme faisant métier de ces sortes d'opérations et lui offraient enfin de le ramener avec eux, s'il ne réussissait pas à s'entendre avec ces indigènes. Ils lui citaient la mission Barth et

1. Ahaggar, des Touâreg.

Richardson, qui, partie de Mourzouk en juin 1860, avec l'intention de passer à l'est de Rhât, fut obligée de s'y rendre et d'avoir recours aux Tynilkoum.

Il était donc évident que la difficulté devait venir des Hoggar; et, soit intérêt, soit nécessité politique ou pratique, il y avait une tendance marquée à diriger l'exploration vers Rhât. On se trouvait donc en présence d'une de ces indications dont la persistance est le principal caractère et que la sagesse conseille souvent aux voyageurs d'écouter, alors même qu'ils n'en saisissent pas la véritable raison. Flatters ne pouvait se dissimuler le fait; mais n'ayant pas d'intérêt à visiter Rhât, il jugea prudent de ne prendre à ce sujet aucun engagement et de voir plus tard s'il ne pourrait pas faire autrement.

Du reste, le zèle même des Chambâs devenait pour lui, dans son excès, une sorte d'embarras. Le caïd avait fait une véritable levée de boucliers; en se laissant accompagner par eux, la mission pourrait avoir aux yeux des Touâreg, l'aspect d'une expédition; son caractère pacifique se trouverait modifié, et de plus, elle serait à la merci de son escorte. Ces considérations conduisirent le lieutenant-colonel à réduire le nombre des Chambâs qui se présentaient et à leur adjoindre des hommes d'autres tribus, par exemple, des Mekadmas et des Beni Thour. Le caïd fut invité à modérer son zèle, et on lui fit comprendre que sa présence n'était pas nécessaire. Le chef de la mission déclara qu'il lui suffirait de 40 chameliers à pied et de 20 hommes d'escorte à mehari: les premiers, payés à raison de 2 francs par jour, les seconds, à raison de 4 francs; les vivres devaient être à leur charge, sans entrée en campagne, mais avec avance sur la solde au départ, pour achat de trois mois de vivres, et le complément payable au retour. Il se réserva la faculté de donner des gratifications après service fait et renvoya ceux qui ne tenaient pas à partir dans ces conditions.

Après d'assez longues conférences, et grâce à un cadeau offert au caïd, ces propositions furent acceptées et plusieurs Chambâs furent engagés.

Restait la question des chameaux. Une commission nommée le 26, pour procéder aux achats nécessaires et dont le khalifa de l'agha faisait partie, s'était trouvée en présence de prétentions exorbitantes. On savait qu'il en fallait près de 200, qu'on était pressé et que l'État payait. Cela suffisait pour élever les prix. Dès le 27 cependant, après de longs pourparlers, la commission avait pu en acheter 35, au prix moyen de 180 francs. Il fallut songer à se munir également de bâts, de cordes, de tellis pour les charges; et les ressources locales étant insuffisantes, il fallut en commander.

A cette cause de retard, s'en ajouta une autre. Les campements des tribus de l'aghalik d'Ouarglâ étaient très dispersés, quelques-uns à six journées de marche. On dut, par conséquent, attendre assez longtemps pour l'arrivée des chameaux. Peu à peu cependant, les achats se terminèrent, et le 3 mai, il ne manquait plus que cinquante de ces animaux.

Le lendemain, les indigènes engagés ayant été rassemblés, reçurent, par-devant le cadhi, les avances promises; les sections de bagages furent formées et les charges réparties pour l'arrimage. Ce jour-là, 4 mai, la caravane se trouva définitivement constituée; composée de 30 hommes d'escorte, guides et chefs chameliers, plus 50 chameliers, elle se trouvait en mesure de quitter Ouarglâ le 5 mars, dans les délais prévus au départ de Paris. Le chef de la mission, en se félicitant de ce résultat, crut devoir en attribuer le mérite au concours empressé de l'agha d'Ouarglâ, Abdel-Kader Ben Amar, lieutenant de spahis et à l'intelligence de M. le sous-lieutenant Le Chatelier.

Au point de vue des dépenses, il dut reconnaître que les prévisions seraient dépassées. Cela tenait à diverses causes. D'abord l'arrivée de la mission avait produit une hausse des denrées; puis, le récent passage de la colonne du général de La Tour d'Auvergne, commandant la subdivision de Médéah, avait fait le vide sur la place. Voici du reste quel était, à cette date, l'état des finances de l'exploration. Le 4 mars, les avances et les achats étant terminés et les 250 chameaux rassemblés, les frais depuis Paris s'élevaient à 166 434 fr. 90, non compris ce qui devrait être remboursé aux Ministères de la Guerre et de la Marine, pour instruments, chevaux, pharmacie, etc. L'encaisse étant au départ de 233 496 fr. 25, il ne restait donc pour les dépenses ultérieures que 67 061 fr. 35. C'était peu, car on n'était encore qu'au début de l'exploration; mais les avances étaient faites pour deux mois et en fin de compte, s'il y avait à prévoir sur les frais à venir une augmentation proportionnelle à celle qui avait déjà été constatée, on pouvait espérer qu'elle ne dépasserait pas 50 000 francs. C'était du reste, à peu de chose près, le crédit qui avait été demandé par le chef de la mission, dans son projet primitif.

Bref, tout était prêt pour la traversée des nouvelles contrées que nos compatriotes allaient explorer, et le lendemain 5 mars, ils devaient se mettre en route. Les 50 chameaux qui manquaient encore, rejoindraient la caravane à Medjira, sous la conduite de M. Le Chatelier qui restait à Ouarglâ pour les attendre.

VI

Considérations géographiques qui ont fait décider la direction suivie par la mission. — Départ de Ouarglâ. — Nature du sol. — Arrivée des derniers chameaux. — Renseignements sur l'état politique du Sud. — Indications sur les routes du Sahara. — Importance d'Aïn Taïba. — Aspect général de la région des gassi. — Hauteur des dunes. — Fond d'El Biodh. — Traversée du Hamada. — Zaouia de Timassinine. — Situation politique.

Avant de suivre nos explorateurs dans le cours de leurs pérégrinations, il ne sera pas sans intérêt de résumer d'abord les considérations géographiques qui avaient fait choisir, au début, les directions nouvelles où ils allaient s'engager.

La bande de dunes qui limite le sud de nos possessions algériennes et qui couvre le lit de l'Igharghar sur une étendue de 360 kilomètres environ, offre deux points d'étranglement. L'un à l'est, correspond à une bande de terre dure, dite El Gassi, ayant près de 12 kilomètres de largeur, sur 120 de longueur, et réduit la traversée des sables à moins de 60 kilomètres. C'est un chemin de caravanes; Bouderba le prit en 1858 et il peut être suivi en partant de Ouarglâ.

L'autre par El Goléah, correspond comme point de départ, à Laghouat.

Des avantages, résultant d'une discussion approfondie, avaient fait donner la préference à l'étude d'un tracé par Biskra jusqu'à Ouarglâ. Mais c'est au delà de ce point surtout que la question prenait un caractère nouveau, dont les difficultés n'échappaient à personne. Il y aurait à franchir 14 degrés géographiques, soit probablement les 1800 kilomètres qui séparent Ouarglâ du Niger, et il fallait réunir d'abord tous les renseignements déjà connus sur l'orographie de cette partie du Sahara.

A l'est, on savait que le massif du plateau des Hoggar, placé vers le 24e parallèle, lance vers le nord l'Oued Igharghar, dans la direction de Ouarglâ, et vers le sud, divers affluents du Niger. Au nord du Hoggar, s'allongent entre l'Oued Igharghar et le Touat, deux plateaux, qui laissent entre eux une plaine assez large.

Le plateau nord donne naissance à l'Oued Mia qui passe à Ouarglâ.

Celui du sud ou plateau de Mouydir est traversé par les caravanes et paraît offrir quelques ressources[1].

1. *Itinéraire d'une caravane au pays des Nègres*, par le général Daumas.

Ces deux plateaux donnent naissance, comme l'ouest du Hoggar, à divers oueds qui vont dans le Touât, rejoindre l'Oued Guir. D'après Barth et Duveyrier, ces affluents vont ensuite se perdre dans des dunes vers l'ouest et atteindre peut-être les salines de l'Adrar; mais cette assertion n'est encore qu'une hypothèse.

Au centre du Sahara, le plateau de Tanezrouft semble former une ligne de partage entre l'Oued Guir et le Niger. Sa vaste étendue et les pertes d'hommes et d'animaux qu'y éprouvent les caravanes, ont largement contribué à la réputation redoutable que s'est acquise le Sahara. Aussi les indigènes préfèrent-ils le tourner par l'est, pour atteindre le Haoussa[1], ou par l'ouest[2], pour se rendre du Maroc à Timbouktou. C'est une difficulté de premier ordre et le passage le plus inhospitalier que l'on connaisse; c'est lui qui a fait dire que la traversée du désert était impossible.

Il se prolonge à l'est par des plateaux de nature semblable, constituant un ensemble de sols élevés, rocheux, inhabitables, traversant normalement les directions à suivre. Au milieu, cependant, on signale sous le nom de Timissao, une coupure, qui a servi de passage à l'invasion musulmane; elle est traversée par une vallée, affluent du Niger, qui descend d'un col situé entre les plateaux de Mouydir et du Hoggar. C'est par là qu'on pourrait se rendre de Timassinine au Niger sans trouver de sables et en suivant des vallées[3].

Au point de vue politique, on doit se borner à des appréciations d'influence religieuse. Au Touât et à l'ouest, on fait la prière au nom du sultan du Maroc; chez les

1. *Itinéraire d'une caravane au pays des Nègres*, par le général Daumas.
2. Route de Caillié.
3. Ces renseignements, tirés en partie de l'ouvrage et de la carte de M. Henri Duveyrier, ont été recueillis par les soins du Ministère des Travaux publics.

Touâreg et à l'est, au nom du sultan de Constantinople.

De ces considérations étaient résultés deux tracés. L'un par l'est, partait d'Ouarglâ pour atteindre le Gassi et gagner l'Igharghar près de Timassinine, où l'on supposait une rivière permanente; il remontait ensuite cet oued et son affluent l'Oued Tadmark, redescendait vers le Niger par l'Oued Inemadjen, franchissait avec lui la passe de Timissao, et arrivant ainsi au souk de Tademeka, ancienne capitale des Touâreg, ruinée au seizième siècle, il gagnait enfin par des vallées fréquentées, la limite des pluies tropicales, où l'on est assuré de l'existence de la végétation.

Un autre tracé partant d'Ouarglâ, gagnait El Goleah, le plateau de Tademaït, le Touât et le Tanezrouft.

En résumé, les avantages résultant de la facilité du parcours semblaient donner la préférence au tracé oriental; mais les notions étaient encore trop vagues pour qu'un choix définitif fût possible sans des explorations préalables.

L'une d'elles, la plus importante, par Timassinine, l'Oued Igharghar, le col voisin de Chik-Salah, l'Oued Inemadjen, la coupure de Timissao et le souk de Tademeka, avec recueil de cotes barométriques et relèvement des reliefs, était confiée à la mission Flatters.

Son chef savait, il est vrai, que bien des circonstances pouvaient le faire dévier de la route, et déjà à Ouarglâ il avait constaté les influences multiples qui tendaient à le faire appuyer vers l'est.

Mais il n'en était pas moins résolu à tenter l'impossible et c'est dans ces conditions qu'il partit de Ouarglâ, le 5 mai 1880, se dirigeant vers Timassinine et campant, pour la première journée à Rouissât, à une heure seulement de la ville[1].

1. Avant de pénétrer plus profondément dans les régions sahariennes,

Le 6 mars, en quittant Rouissât[1], la caravane traverse la plaine appelée Oued Ouarglâ, laisse à droite celle que forme l'Oued Mia et coupe la ligne suivie en 1858 par Bouderba. Dans ces parages, le mot « oued » prend une extension nouvelle et ne signifie plus rivière, ni lit de rivière, ni cuvette, mais simplement plaine, plaine de forme quelconque avec végétation, reg ou nebka. Ces plaines sont généralement circonscrites par des gour allongés, qui les font ressembler à des cirques. Quelquefois d'autres gour surgissent au milieu et les divisent en bandes allongées ; de là le nom d'oued ; mais il faut constater, d'après les notes mêmes du

il devient nécessaire de faire connaître les locutions en usage pour exprimer les principaux accidents du sol.

Gara (au pluriel *Gour*), mamelon rocheux ou de terrain ferme, sorte de témoin du sol primitif. Sa forme est ordinairement conique, avec ou sans chapeau à bords dépassant plus ou moins.

Argâ (au pluriel *Areg*), grande colline de sable meuble, comme une gara émiettée.

Sif (au pluriel *Siouf*), arête en long comme un tranchant de sabre, que présente l'arga, par suite de l'effritement de la roche sous l'action des agents atmosphériques.

Armath, gara d'un faible relief.

Gourdh, haute dune conique isolée, sans arête en longueur.

Nebka, sable mi-meuble, praticable malgré quelques vallonnements peu sensibles.

Reg, sable ferme, avec ou sans gravier, plaine unie et nue.

Houdh, dépression en forme de cuvette, dans les gour, dont le terrain est ferme.

Sahan, large dépression à fond plat, en forme d'assiette, couverte de végétation. Par extension, dans l'extrême Sud, le sahan de grandes dimensions devient l'oued, et réciproquement, sans qu'on se préoccupe d'une ligne de thalweg.

Haïch, pâturage.

Kantra, pont, hauteur entre deux dépressions.

Feidj, bande de terrain plat, qui sert de col ou de passage.

Oudje, face d'une dune.

Torba, terre à foulon.

1. L'orthographe adoptée par le lieutenant-colonel Flatters pour les noms arabes ou touâreg a été généralement conservée, malgré les divergences qu'elle présente avec celle d'auteurs compétents. Ces divergences tiennent à ce qu'il emploie d'habitude les expressions de l'arabe vulgaire. Elles seront signalées, du reste, quand il y aura lieu.

chef de la mission, qu'aucune idée de thalweg ne se rattache à cette expression.

Arrivée le 7, au campement de l'Oued Smihri, à travers une succession ininterrompue de gour et d'oued, la mission y trouva des pâturages abondants et un temps pluvieux, qui fut accueilli par les indigènes comme une faveur du ciel. Elle y séjourna le 8 et en profita pour recueillir d'utiles renseignements sur les routes qui relient entre eux les points principaux du pays.

Elle apprit ainsi, que le chemin direct d'Ouarglâ à Insalah, passe par l'Oued Mia, tantôt dans le lit de l'oued, tantôt coupant en ligne droite les détours, par étapes de 25 kilomètres. Ce trajet compte 34 étapes, savoir : 1. El Arf. — 2. Sottour. — 3. Bou-Khenissa (eau). — 4. Bel-Kbach. — 5. El Ferdjani. — 6. Hassi Fouares (eau). — 7. Hassi Djdid (eau). — 8. Hassi el Haïcha (eau). — 9. Mdjidian. — 10. Mchaïguen (eau). — 11. Hassi Djemel (puits comblé). — 12. Zmila (nom commun à plusieurs endroits, petite smala, petit camp). — 13. Garet ben Hanira. — 14. Saïba. — 15. Rehag el Itel. — 16. Guettaa m'ta Troudi. — 17. Mechra el Ahsa. — 18. Moqtela. — 19. Tenif Djaerin. — 20. Zmila. — 21. Zmel el Harcha. — 22. Moqtela m'ta Sidi Mdellel. — 23. Gherid bou Lahia. — 24. Bou Aroua. — 25. Tiouki. — 26. Sobba. — 27. Fedjen Naam. — 28. Aghrid. — 29. Isakki. — 30. Diat Damran. — 31. El Malah. — 32. Hassi Erraa (eau). 33. — Hassi Mengar (eau). — 34. Zaouïa Sidi Hadj Mahmed, qui n'est autre qu'Insalah, ou plutôt la réunion des sept petits ksour dont se compose Insalah.

Pour tracer cette ligne d'étapes sur la carte, écrivait Flatters, il faut tirer une droite d'Ouarglâ à Insalah et la partager en 35 parties égales, en mettant Bou Khenissa à 25 kilomètres au nord-ouest de Hassi Terfaïa.

La ligne directe de Hassi Smihri à Nefta, vers l'est-nord-est, peut aussi être tracée par points de 20 en 20 kilomètres, savoir : 1. Hassi ben el Atmaia (eau). — 2. Hassi el Guenami (eau). — 3. Hassi el Feridj (eau). — 4. Hassi ben Naadj (eau). — 5. Hassi ben Taïeb (eau). — 6. Hassi oum Rous (eau). — 7. Hassi Khedraïa (eau). Avant d'atteindre ce dernier point, on coupe l'Oued Igharghar, qui est à fond plat, de nebka, avec de petites dunes et un peu de damran comme végétation. — 8. Hassi Abdelkader ben el Hadj, ou Mouilah (eau). — 9. Mouia oulad Messaoud (eau). — 10. Taïeb. — 11. Mehieb. — 12. El Alem. — 13. Mouïa Rebah (eau). — 14. Messeguess. — 15. Djebali. — 16. El Bachchana (eau). — 17. Sabria, une des oasis qui entourent Nefta, comme Rouissât, Adjadja, Chott, etc., entourent Ouarglâ.

Ce trajet comprend deux plaines et deux petites chaînes accidentées ; il se fait sur terrain nebka et fournit aux chameaux une bonne végétation. Les Chambâs y campent souvent.

Si, de Smihri, l'on marche directement vers l'est, sur l'Oued Igharghar, par Leffaya, on a un parcours de 75 kilomètres environ, mais sans eau, excepté à Leffaya.

La direction de l'Oued Igharghar depuis El Goug, devait être naturellement l'objet de recherches attentives. On apprit ainsi qu'en venant de Temacin, les gîtes ordinaires sont d'abord ceux que l'itinéraire avait suivis ; puis, Chegga Metekki, Khedraïa, Meggarin, Oued Sioudi. L'Oued Sioudi est un affluent de l'Oued Igharghar avec lequel on le confond souvent ; mais il n'arrive pas à l'Oued Igharghar. « C'est, dit le journal de route, un oued qui court parallèlement à l'Igharghar jusqu'à Meggarin, suivant une direction générale sud-est. Comme tous les oueds de la région, comme l'Oued Igharghar lui-même — qui est pourtant mieux défini avec une pente du sud au nord, au moins jusqu'à Matmat — c'est une cuvette, une assiette à fond plat, plus ou moins allongée, sans pente appréciable.

» A partir de l'Oued Sioudi, si l'on remonte l'Oued Igharghar, on rencontre successivement : Bir et Teboul,

Bel Klouta, Mekhanza, au nord du point marqué par la carte de M. H. Duveyrier. C'est là que se trouve le Ras el Gassi Chergui; puis Teniaguin, débouché sud des grandes dunes, où l'on rencontre de l'eau et où passent les caravanes se rendant d'Insalah à Ghadamès, par El Biodh du sud. Au delà, on ne sait pas ce que devient l'Oued Igharghar, quoique l'on sache qu'il vient du Hoggar; mais son lit est envahi par les dunes. »

Le 9 mars, la caravane atteignit Medjira, après avoir traversé une série de *kantras* très mouvementés. Ce fond constitue un oued qui communique vers l'ouest-nord-ouest avec l'Oued Alenda. Elle avait déjà pu se rendre compte que la meilleure route pour aller d'Ouargla à Aïn Taïba, est bien celle qui, laissant Medjira à l'est, passe par Terfaïa, Smihri et Hassi bou Rouba.

M. Le Chatelier rejoignit la mission à Medjira, comme il était convenu, avec le complément de chameaux. Mais ceux-ci avaient d'autant plus besoin de se refaire, que les pâturages jusqu'à Aïn Taïba, étaient relativement maigres et que le puits de Djeribia, comblé depuis plusieurs années, obligerait à cinq jours de marche sans eau. Il fallut donc se résoudre à prolonger le séjour à Medjira.

C'est là que le chef de la mission reçut la visite de Si ben Ahmed ben Cheikh, ex-caïd des Hab er Rih, fraction des Chambâs Bou Rouba, campée en ce moment à une cinquantaine de kilomètres vers le nord-est. Il venait voir l'ancien commandant supérieur du cercle de Laghouat et lui recommander quelques-uns de ses parents qui faisaient partie de la mission. Il lui donna en outre quelques lettres pour les Ifoghas, avec lesquels il était en relations, et lui apporta d'utiles renseignements sur l'état politique du Sahara. D'après lui, les nouvelles données sur la cessation des hostilités entre les Ahaggar et les Azdjer étaient vraies. Depuis un an même, une paix plus ou moins solide, comme toutes celles qui ont précédé, avait été conclue entre eux. Il ajoutait que les Idhamaren, Azdjer d'origine, étaient passés aux Hoggar.

Ce ne fut pas le seul profit que la caravane retira de son séjour à Medjira. Elle recueillit, en outre, des indications sur un trajet de Medjira à Insalah, et apprit qu'en le partageant en étapes espacées de 30 kilomètres environ et en suivant une direction générale sud-ouest, on rencontrait les points suivants : 1. Hassi Sidi Kaddour (eau). — 2. Gourdat El Djelfa. — 3. Gourd oulad Aïch Hassi (eau). — 4. Gourd Aïssa. — 5. Drâ el Atchan. — 6. Toukoumsit. — 7. Lemsied (*redir*, plein quand il a plu). — 8. Tinkettarin (redirs). — 9. Insokki (eau). Insokki est un des nombreux affluents de l'Oued Mia. — 10. Oudiat Damran. — 11. Chebka. — 12. Aguelman (eau). — 13. Raha. — 14. Chbika. — 15. Hassi el Mengar (eau). — 16. Insalah. « Sur cette ligne, écrivait Flatters, on ne coupe pas l'Oued Mia lui-même, mais un très grand nombre de ses affluents de droite, qui comptent des quantités de sources. Oued Mia signifie la « rivière aux cent sources. »

L'Oued Mia est séparé de Medjira par une centaine de kilomètres, dont les points principaux sont : Oued Meguerba (eau), Boukhira (hassi) et Saïba. Cependant la plaine qui s'étend le long de sa rive droite, s'appelle aussi Oued, ce qui permet de le considérer comme venant assez près de la ligne Ouargla-Aïn Taïba.

On apprit aussi à Medjira qu'il était possible de se rendre d'Ouargla à El Biodh, en évitant les grandes dunes d'Aïn Taïba, et qu'à 80 kilomètres au sud-est de Medjira, commençait le Gassi de Mokhanza, passage droit comme une rue entre les dunes, sur un parcours de 300 kilomètres, jusqu'à El Mouilah, et s'élargissant seulement dans quelques parties, surtout vers le sud. Les Chambâs le suivent à grandes journées de meharis quand ils sont en chasse; mais les caravanes qui marchent plus lentement, ne peuvent agir de même, faute de points d'eau.

Ce gassi ou fond à terrain ferme, appelé Gassi Chergui, n'est pas suivi par l'Oued Igharghar, qui se dirige plus à l'est et est envahi par les dunes. Il reparaît au sud des dunes, à Teniaguin, sur la ligne d'Insalah à Ghadamès.

Le 12 mars, la mission quitta Medjira pour se rendre à Djeribia. Elle rencontra en route, les traces encore visibles d'une ghazia exécutée en 1878, par des Touâreg du sud-ouest du Djebel Hoggar (région du Taïtok), sur les Oulad Saiah de Tougourt, à plus de 100 journées de marche. Les chameaux furent repris quelques jours plus tard à Aïn Taïba, par leurs propriétaires aidés de plusieurs Chambâs d'Ouarglâ, et après un combat meurtrier. On voit que l'état de paix qui règne dans le pays, est absolument relatif et n'empêche ni les coups de main, ni les meurtres.

C'est dans cette journée, à Hassi el Malah, qu'on entra dans la région des grandes dunes, dont quelques-unes atteignent 80 mètres au-dessus des terrains environnants. « En ligne générale, dit le journal de route, nous avons suivi l'extrémité ouest d'un immense cap formé au nord par les grandes dunes et s'étendant jusqu'au Souf. C'est ce même cap, dont il a été parlé à Hassi ould Miloud dans l'Igharghar. Ici, à Djeribia, nous approchons de sa naissance dans le massif principal du sud et nous en longeons le bord occidental en franchissant des chaînes ou caps secondaires parallèles, dont l'orientation générale est sud-est, nord-ouest. Les reliefs de 35 et 40 mètres se montrent assez souvent ; il y a des gour de 70 à 80 mètres..... » « Ce Sahara n'est pas partout un pays absolument plat, comme certaines personnes ont pu se le figurer ; le relief général est peu sensible, il est vrai ; mais il y a un très grand nombre de dénivellations de 30 à 35 mètres. Un examen superficiel contribue du reste, à entretenir l'illusion. Quand on regarde le terrain du haut d'une dune, même avec l'aide d'une lunette, on a l'impression d'une immense plaine ; les mouvements signalés ne sont presque jamais sensibles, à moins d'être éclairés d'une manière particulière. »

Les jours suivants, la route fut continuée sans incidents, à travers cette même succession de dunes et de terrains plats.

A Feidj Damran, le 14, on obtint quelques indications sur la topographie des régions voisines, en particulier sur le massif principal de la grande dune qui finit à l'ouest, à El Nader des Oulad Bahamou[1], près d'El Msied, au sud-sud-est de l'Oued Mia et de Goleah, à 150 kilomètres environ d'Aïn Taïba.

La ligne droite d'Aïn Taïba à El Goleah fut signalée comme n'offrant pas de ressources en eau. Ses points de gîte sont : Gourd el Aïch, Oued Mia, Zouabi, Aghrid Laroui, Mech Karda et Goleah. Elle se développe sur un terrain hamada.

D'El Goleah à El Biodh, le sol est ferme, sans dunes; on passe par Meksa Inifel (eau), El Msied, Mesegguem (eau); entre ces deux derniers points s'étend la plaine, la prairie de Mader, arrosée par de vrais ruisseaux qui, dans les années pluvieuses, coulent vers l'ouest, venant de la dune. El Mader, qui longe la dune à l'ouest, possède d'excellents pâturages appartenant aux Oulad ba Hamra. De Mesegguem, on gagne Daiat Ben Abbou, Mekhfog Retem, Menkab Allal et El Biodh.

Ce fut le 16 mars que la mission entra, au départ de Teniet el Oudje, dans l'erg ou massif principal des grandes dunes. « L'erg, dit le journal de route, représente exactement un massif montagneux très accidenté, où tout le terrain est en sable meuble. On est obligé pour passer, de franchir des *siouf* ou bancs de sable allongés, à talus presque verticaux. Mais, à part ces sortes de barrages, il y a des vallées assez nettement accusées, quoique tellement enche-

1. Tribu arabe qui occupe les abords du plateau de Tademayt et dont le nom, d'après M. Duveyrier, s'écrit : Bâ-hammou

vêtrées, que l'on a de la peine à y découvrir un système général, si tant est qu'il y ait même un système. Les talus les plus raides des hautes dunes, pentes à 32 degrés, sont tournés le plus souvent à l'ouest et au nord-ouest; ceux des siouf transversaux barrant les vallées, sont plus généralement au sud. Les altitudes absolues ne sont pas très considérables et les plus hautes dunes ne dépassent guère 120 mètres au-dessus du chemin que nous suivons; mais elles paraissent beaucoup plus élevées au premier aspect. »

Le même jour, on atteignit Aïn Taïba («la bonne source»). Le récit de la mission la représente comme une mare circulaire de 100 mètres de diamètre, au fond d'un cratère d'effondrement à pentes de 30 à 35 degrés, dont la profondeur jusqu'au niveau de l'eau, est de 15 mètres. A 200 mètres environ au nord, séparé de la source par un sif, on trouve un cratère semblable, mais à sec et en partie comblé par le sable.

La description qui nous a été laissée de ce point, y signale quelques rares palmiers, une ceinture de roseaux autour du bassin et des eaux d'excellente qualité, que la négligence des indigènes et les débris organiques finissent par rendre infectes.

Un Chambâ d'Insalah, parent d'un des guides de la caravane, la rejoignit à Aïn Taïba et lui donna sur l'état des esprits dans le pays, des renseignements satisfaisants, analogues à ceux qu'on avait déjà recueillis.

On ne fit à Aïn Taïba qu'un court séjour et, après avoir renouvelé la provision d'eau, seule ressource sur laquelle on devait compter jusqu'à El Biodh, on repartit le 19, marchant droit au sud magnétique, et pénétrant pour plusieurs jours, dans la région des gassi et des feidj, obstrués par les dunes. La première vallée dans laquelle s'avança la caravane est celle de Feidj Alenda, bordée par des dunes de 120 mètres de haut, sillonnées de siouf en zigzag qui varient avec le vent. C'est dans cette contrée que l'orientation uniforme des dunes du nord-ouest au sud-est, tournant peu à peu au sud ou au sud-sud-ouest, doit être attribuée à une direction persistante des courants aériens.

Du Feidj Alenda, la caravane passe dans le Feidj Beïda, vallée relativement étroite, d'une largeur de 700 mètres, à fond ferme, dur et d'une longueur de 25 kilomètres ; elle débouche ensuite dans un passage difficile de 4 kilomètres et pénètre dans le gassi Ghessal, ainsi nommé du nom d'une plante qui y abonde. Le journal de route nous fait remarquer à cette occasion, qu'il ne faut pas, dans la région des dunes, attacher trop d'importance aux noms. « La plupart des points, d'après le journal, n'ont pas de désignation fixe. Un individu passe et remarque quelque chose ; il donne un nom. Un autre remarque une chose différente ; il donne un autre nom. Tout dépend du guide qui conduit. » En résumé, depuis « Aïn Taïba, écrit le lieutenant-colonel Flatters le 20 mars, nous avons suivi une ligne de gassi plus ou moins barrés. Par Feidj Alenda et Feidj Beïda, nous débouchons dans un gassi vrai ; et, à l'est sont deux autres gassi, dont le plus oriental est celui de Mokhanza. A notre gauche, à l'ouest, on compte cinq gassi ou plutôt cinq feidj ; car ils sont relativement étroits et tous barrés de distance en distance. Tout ce système est en ligne parallèle nord-sud ; ce qui confirme ce qui a été dit de la forme générale de la région de l'erg. Chaînes et vallées parallèles nord-ouest au sud-est et nord au sud, avec seuils et barrages çà et là, sans préjudice des communications transversales par les dépressions des chaînes. Mais il faut constater que celles de ces communications qui peuvent être classées comme réellement faciles, paraissent être en nombre excessivement restreint. »

Le lendemain, la caravane se développa dans un gassi de 3 kilomètres de largeur, plat, s'étendant au sud à perte de vue, comme une immense route entre deux chaînes de dunes dont les plus élevées ont 150 mètres de hauteur. Elle atteignit ainsi une sorte de presqu'île appelée Gheridatel-Biodh, qui avait été poussée de l'ouest à l'est par les dunes de la chaîne de droite, et qui constituait une dune nouvelle. Des indigènes se rappelaient avoir vu à cette place le sol du gassi. On distinguait, en effet, des traces de caravane qui étaient interrompues par la presqu'île. « Là, dit le journal de route, se trouvent des dunes de 50 mètres. C'est, dans l'ouest de l'erg, le seul cas remarqué par les indigènes de la marche d'une dune de quelque relief; ils s'accordent à dire que dans cette région, sauf les siouf et les talus à pentes raides qui varient selon la puissance des vents, la dune est immobile. Pour l'est, c'est autre chose; ils disent que de ce côté, la dune est en formation et que des vieillards se rappellent avoir vu le Hamada, entre Ouarglâ et Ghadamès, à la même place où, aujourd'hui, il faut circuler pendant dix jours à travers l'erg. »

La route suivie par la caravane la conduisit de là au Teniet el Begra, puis dans le Gassi el Adham (« gassi des ossements »), ainsi nommé d'un amas d'ossements de chameaux provenant d'une ghazia faite en 1840, par les Touâreg sur les Chambâs et reprise peu après par les seconds. C'était le temps de la guerre entre les Chambâs et les Touâreg Azdjer.

Le 24, nos explorateurs étaient encore dans le Gassi el Adham, d'où ils passèrent dans un dédale de siouf enchevêtrés, et au delà, dans un immense gassi venant du nord-nord-est et se prolongeant à perte de vue au sud-sud-ouest. C'était le Gassi Mokhanza qu'ils devaient franchir obliquement et que le chef de la mission signale comme ayant, au point de vue des communications sahariennes, une importance particulière. « Tout, dit-il, concourt à démontrer que sur cette ligne, depuis Ouarglâ, on ne rencontrerait aucun passage difficile à travers le massif de l'erg et par conséquent, sous réserve d'une vérification, qui devrait être l'objet d'une étude spéciale, ce serait sans doute le meilleur tracé à adopter pour une voie ferrée. » Il en indique ensuite la direction jusqu'à El Biodh du sud, par Terfaïa, Hassi Leffaya, Ben Nemel, Bel Ghesal, Mokhanza ; ou moins directement par Bou Rouba, Feidj Damran et Mokhanza. Il place Mokhanza plus au nord que la carte de M. Duveyrier et fait observer qu'il y a deux points appelés El Mouilah : l'un, donné par la carte de M. Duveyrier, sur la ligne Insalah-Ghadamès, à 40 kilomètres environ à l'est-nord-est d'El Biodh, l'autre, qu'il appelle El Mouilah Matallah, qui est celui du Gassi de Mokhanza, et qu'il faudrait placer à 40 kilomètres nord-nord-ouest d'El Biodh, au milieu du gassi.

A 4 kilomètres environ au delà du Gassi Mokhanza, nos voyageurs débouchèrent, le 24 mars, dans la Sebkha d'El Biodh, longue dépression de 5 kilomètres environ, s'étendant le long du gassi, au pied de la chaîne des dunes de gauche. C'est une saline, au sel amer et peu utilisable, que la caravane traversa obliquement, pour aller camper au puits même d'El Biodh. C'est là qu'elle rencontra, pour la première fois, une plante verte appelée *El Bethinâ* par les Arabes, désignée par le journal de route sous le nom de *El Bothima*, espèce de jusquiame qui devait, un an plus tard, jouer un rôle si funeste dans la ruine des débris de la seconde mission. Quoi qu'on en ait dit aux explorateurs, cette plante est signalée par M. Duveyrier comme extrêmement vénéneuse, sous le nom d'*Hyoscyamus Falezlez*. Notre célèbre voyageur Saharien la connaissait par expérience, ayant eu un cheval qui mourut en quelques heures pour en avoir mangé, et s'étant trouvé lui-même fortement indisposé, pour avoir simplement goûté une feuille de cette herbe maudite.

La mission resta à El Biodh les 25 et 26 mars, qu'elle employa surtout à recueillir des renseignements sur les environs et sur les itinéraires qui l'intéressaient. D'après les indications qui lui furent données, la ligne directe d'El Biodh au Hoggar, conduirait à Amguid, sur le haut Igharghar, par la voie du hamada, en terrain pierreux, sans pente, et seulement avec quelques ravins insignifiants. Ce serait un trajet de 250 kilomètres que des mehari feraient en quatre jours. Au delà, les données communiquées au lieutenant-colonel Flatters concordaient à peu près avec l'itinéraire qu'il devait étudier lui-même l'année suivante, mais en restant dans un certain vague. Les Chambâs ne lui parlaient du haut Igharghar que par ouï-dire et s'excusaient de l'imperfection de leurs connaissances, sur ce que les Touâreg ne voulaient pas laisser pénétrer les étrangers dans leur pays. Ceux d'entre eux qui s'étaient rendus à Idelès, avaient suivi la voie d'Insalah et les chemins de l'ouest. Les restrictions constatées dans leurs récits s'étendaient à la ligne de Timassinine à Idelès, qu'ils indiquaient comme devant passer par Tahohait sur l'Oued Igharghar, au pied du tombeau de Cheikh Othman; puis par l'oued lui-même, par Tenelakh, Amguid et le bas Gharis; ils la faisaient ensuite tourner vers le sud-ouest, pour aller vers la ligne d'Insalah et le Tifidest par Ras Tifidest, l'Oued Abiodh et Taourirt. Quant au chemin direct de Timassinine au Hoggar, on apprit qu'il passait par l'Ighargharen et l'Oued Samen, où se trouvent l'eau et les pâturages.

Le séjour fait à El Biodh fut assez court; la mission n'avait qu'à reconstituer sa provision d'eau. Elle repartit le 27 mars pour Timassinine et le lac Menkhough.

Elle parcourut d'abord un terrain à fond de sebkha qui n'était autre que celui de la sebkha même d'El Biodh, et atteignit bientôt le sentier ou *medjebed* de Ghadamès à Insalah, qui se développe sur une vaste plaine parsemée de tamarins; elle la traversa, en prenant désormais sa direction à l'est-sud-est. La route passe, en cet endroit, au col le plus voisin de l'extrémité ouest du gour situé en avant de Gourd Khelal, col que la caravane dut également franchir. La végétation de cette contrée était extrêmement abondante. On gagna ensuite un plateau, hamada couvert de cailloux irréguliers, et au delà le ravin de Safia, que la carte de M. Duveyrier indique près d'El Mouilah du hamada. En continuant sa marche, la caravane se retrouva dans le lit de l'Oued Igharghar qui, à 5 kilomètres de Safla, vient du sud-ouest, fait un coude à l'est et reprend ensuitela direction nord-nord-est; elle passa au sommet de l'angle formé par le coude sud-est-ouest. C'est dans cette partie de leur itinéraire, que les membres de la mission rencontrèrent leur premier gommier et les premiers échantillons de la lave du Hoggar, pierre légère, noire, poreuse, que les Touâreg avaient indiquée comme pouvant brûler, ce qui fit croire à l'existence du charbon de terre dans leur pays. On sut plus tard qu'ils utilisent les qualités poreuses de cette pierre, en la trempant dans l'huile et l'allumant ensuite. La mission traversa le lit de l'Oued Igharghar, en regrettant de ne pouvoir en faire la reconnaissance, en amont et en aval. Mais il devenait indispensable de s'entendre d'abord avec les Touâreg et le succès des opérations ultérieurespouvait être compromis, si, au lieu de régler d'abord cette question politique, on s'occupait du levé de la carte. Il fallut donc se contenter de l'exploration topographique de la ligne suivie par l'itinéraire.

Sur la rive droite de l'Oued Igharghar, on atteignit un plateau qui porte, comme le massif central du Sahara, le nom de Tanezrouft, et d'où l'on descendit dans un fond de sebkha, pour aboutir enfin aux ravins de la zaouïa de Timassinine et à la zaouïa elle-même. C'était le 29 mars et, dans son journal provisoire, le chef de la mission résume ainsi l'aspect des dernières régions traversées. « Depuis Safla, dit-il, nous traversons une série de hamadas, dont une coupe faite sur notre itinéraire, représenterait assez bien une succession de gradins en crémaillère, une sorte d'escalier immense avec des marches inclinées en largeur, dans le sens sud-est, nord-ouest et d'une longueur indéfinie dans le sens nord-est, sud-ouest sans préjudice de la vaste coupure de l'Oued Igharghar et des sillons et dépressions secondaires, de forme plus ou moins irrégulière. »

La zaouïa de Timassinine construite en l'honneur de Sidi Moussa dont la tombe est à côté, sous la coupole d'une Kouba, est entourée de 150 à 200 palmiers et gardée par un *hartani* (nègre sang mêlé, libre, né hors du Soudan) du Touat, nommé Sliman ben Abderrhaman, qui l'habite depuis dix ans environ, vivant de son jardin et des aumônes des voyageurs; ce qui ne l'empêche pas d'être à son tour rançonné par les maraudeurs.

La mission resta à Timassinine jusqu'au 1er avril, étudiant la situation et faisant aux environs d'utiles reconnaissances. Son chef cherchait alors les moyens d'aborder le Hoggar et de s'aboucher avec les gens du pays. Mais voyant qu'il n'y avait, dans le voisinage, aucun campement de Touâreg, il résolut de leur envoyer un émissaire. Par une fatalité dont nous aurons sans doute l'explication un jour, il choisit Ceghir ben Chikh, un de ses Chambâs, marié à une femme des Ifoghâs, qui devait moins d'un an plus tard être le premier à le trahir, à lui voler sa jument et à le frapper d'un coup mortel. Cet homme qui connaissait bien le pays, devait partir en avant, avec des lettres du lieutenant-colonel et des marabouts de Tidjani, pour Abdelhakem, son parent, chef des Ifoghâs, dont le territoire comprenait Timassinine. Il avait aussi des lettres qu'il devait expédier au vieil El Hadj Ikhenoukhen et aux chefs des Ouraghen et des Maghasaten.

Ces dispositions prises et la provision d'eau renouvelée, la caravane se trouva prête à continuer son voyage. Mais avant de la suivre, il sera utile de jeter un coup d'œil en arrière sur les observations qu'elle avait recueillies, depuis Ouargla.

Les données sur les ressources du sol, quoique assez uniformes et assez pauvres en indications utiles, au moins dans la région des gassi, peuvent se résumer comme suit :

PARCOURS.	NATURE DU SOL.	VÉGÉTATION.	EAU.
6 mars, de Rouissât à Hassi Terfaïa, 25 kil.	Reg et nebka, petites dunes.	Très abondante et variée.	Puits comblé, eau.
7 mars, Oued Smihri, 23 kil.	Reg et nebka, dunes en forme de sif.	Pâturages excellents.	Abondante, pluie exceptionnelle.
8 — Séjour.	Id.		
9 — El Nedjira, 15 kil.	Région des kantras.	Bon pâturage.	Eau assez bonne et abondante, puits à 7m,50.
10 — Séjour.			
11 — Séjour.			
12 — Djeribia, 27 kil.	Région de grandes dunes, et de kantras, nebka.	Végétation faible.	Puits mort de 15 mètres.
13 — Slassel Danoun, 32 kil	Reg, gourd et kantras.	Végétation abondante.	»
14 — Feidj Damran, 20 kil.	Kantras, hamada, reg.	Abondante.	»
15 — Téniet el Oudje, 30 kil.	Reg, plaines.	Assez abondante.	»
16 — Aïn Taïba, 15 kil.	Erg, siouf, reg.	Végétation.	Eau bonne, mais gâtée, mare de 100 mètres, profondeur 5 mètres.

PARCOURS.	NATURE DU SOL.	VÉGÉTATION.	EAU.
19 mars, d'Aïn Taïba à Feidj Beïda, 32 kil.	Région des gassi, fond de sable ferme.	Pâturages abondants, ghessal.	
20 — Gassi Ghessal, 25 kil.	Id.		
21 — 2e campement du gassi, 30 kil.	Id. reg et graviers, sous-sol de calcaire blanc gréseux.		
22 — Gassi el Adham, 32 kil.	Id. grandes dunes.	Sans végétation.	
23 — 2e campement du Gassi el Adham, 3kil.	Id.		
24 — El Biodh, 35 kil.	Fond de sebkha.	Un peu de végétation, apparition de la plante El Bethinâ.	Eau claire mais saumâtre et purgative.
27 — d'El Biodh à Safia, 30 kil.	Hamada, cailloux, veines de rochers.	Végétation abondante sur le trajet.	Un peu d'eau, petit ghedir.
28 — Tanezrouft, 36 kil.	Id.	Pas de végétation.	Pas d'eau.
29 — Timassinine, 30 kil.	Reg et fond de sebkha, graviers.	Assez abondante, oasis, jardin.	Eau abondante, puits artésien de 12 mètres de profondeur.
Total, 469 kil.			

Ces renseignements sont complétés par les observations scientifiques de MM. Béringer, Roche et Rabourdin[1].

CAMPEMENTS.	LONGITUDE est.	LATITUDE nord.	TEMPÉRATURE.	BAROMÈTRE.	ALTITUDE.	TEMPÉRATURE.	OBSERVATIONS.
				mm.			
Rouissat	3°	31°	+ 20°,9	775,0	172	Beau.	Vent d'E.
Terfaïa	3°,18′,10″	31°,45′40″	+ 20°	753,5	190	Assez beau.	— N.-E.
Oued Smihri	3°	31°	+ 16°	749	139	Couvert.	— N.-E.
Hassi Medjira	3°,30′,25″	31°,26′,15″	+ 19°,5	757	178	Couvert.	— E.
Djeribia	3°,34′,20″	31°,12′,45″	+ 23°	744	213	Beau.	— E.-S.-E.
Stassell Danoun	3°,32′,50″	30°,54′,50″	+ 23°	744	219	Beau.	— E.-S.-E.
Feidj Damran	3°,18′	30°,41′	+ 21°,5	742	229	Beau.	— N.-E.
Teniet el oudje	3°,39′,10″	30°,25′,25″	+ 22°	741	255	Beau.	— E.
Aïn Taïba	3°,39′,10″	30°,17′,0″	+ 24°	742	250	Très beau.	— E.
Feidj-Beïdas	3°,16′	30°,01′	+ 27°	732	285	Assez beau.	— S.-E.
Gassi Ghesal	3°,16′	29°,46′	+ 27°	732	335	Assez beau.	— E.-S.-E.
2ᵉ campement du Gassi	3°,14′	29°,28′	+ 21°	730	340	Mauvais.	— S. tempête.
Gassi el adham	3°,16′	29 ,09′	+ 22°	732,6	345	Beau.	— N
2ᵉ camp. de Gassi el adham	3°,39′,45″	29°, 8′,55″	+ 29°	»	365	Très beau.	— N.
El Biodh	3°,49′,55″	28°,30′,50″	+ 24°	»	356	Assez beau.	— N.
Safia	3°,35′	28°,22′	+ 31°	726,5	392 (?)	Beau.	— E.
Tanezrouft	3°,55′	28°,12′	+ 32°	720,7	390	Très beau.	— E.
Timassinine	4°,38′, 6″	28°, 5′,45″	+ 28°	723,7	375	Très beau.	— S.-O.

1. Les longitudes et les latitudes données en degrés, minutes et secondes, sont le résultat des observations et des calculs; celles qui ne sont données qu'en degrés et minutes sont approximatives, d'après les premières observations et d'après l'itinéraire même. Les températures et les pressions barométriques, ainsi que les directions des vents, sont ordinairement celles de une heure après midi.

VII

DE TIMASSININE AU LAC MENGKHOUGH

Considérations sur l'Oued Igharghar. — La grande dune. — Premières députations des Touâreg Ifoghas. — Rapports de Rhât avec Tripoli. — Obligation de dévier vers l'est. — Exigences politiques. — Situation qui fait décider le retour.

La route de Timassinine à Mengkhough constitue la dernière partie de l'exploration de l'année 1880, celle dont les incidents devaient décider du reste du voyage.

Elle commence le 1er avril, jour où la caravane quitte Timassinine, pour s'avancer d'abord au sud, dans un feidj qualifié de grand feidj et dont le fond est celui d'une sebkha. Le chef de la mission le considère comme venant de l'Oued Gharis, près d'Aguellach, et longeant l'Igharghar dont il n'est séparé que par un hamada de faible étendue. Il l'indique comme pouvant servir de route de Timassinine au Hoggar, mais sans avoir en réalité sur ce sujet une affirmation précise. Laissant ensuite un peu sur sa gauche la route suivie par Bouderba en 1858, il put recueillir de la bouche d'un indigène nommé Saiah ben bou Saïd, qui avait été d'El Biodh au Hoggar, un itinéraire par renseignements dont voici le résumé.

La route serait de dix jours de mehari à 50 kilomètres par jour, et passerait par Mechra Aguelman, Foum Amguid, Amguid, le Hamada en deçà de l'Oued Gharis, l'Oued Gharis la tête nord du Tifidest, un point en deçà de Tinnakourat, et Tikhsi à deux jours de marche d'Idelès.

Le 2 avril, la route fut continuée vers le sud, à travers le feidj de la veille, pour entrer bientôt en plein erg, dans des dunes confuses, d'où l'on aperçoit la crête du Khanfousa sur laquelle se dirige la caravane. Elle l'atteint en quelques heures et nous en laisse une courte description.

« Le Khanfousa, dit le journal provisoire, est une colline isolée de grès noir, blanc à l'intérieur, au milieu des dunes; elle est fortement ravinée; les ravins courent généralement du sud-est au nord-ouest. Sa hauteur au-dessus du fond est de 230 mètres environ; dans les ravins se trouvent plusieurs gommiers. »

On rencontra aux abords du Khanfousa des traces de campements de Touâreg qui ne remontaient pas à plus de deux mois; mais on apprit qu'on n'avait guère de chance d'en trouver d'autres avant Aïn Tebalbalet ou Aïn el Hadjadj. On put aussi recueillir quelques renseignements sur une ligne de Khanfousa à Tahohait, dans la direction du sud-ouest, et l'on découvrit sur ce point des restes curieux de l'âge de pierre.

La caravane s'engagea ensuite dans un enchevêtrement de dunes compliquées, gagna un immense gassi qui s'étendait à perte de vue, et commença à prendre une direction à peu près sud-sud-est.

Le journal de route contient, dans cette partie de l'itinéraire, une rectification du cours de l'Oued Ighargharen qu'il y a lieu de signaler. « Nulle part, dit-il, ne se voit, comme sur la carte de M. Duveyrier, ou sur l'itinéraire de Bouderba, une apparence de vallée de l'Oued Ighargharen, qui rejoindrait l'Oued Igharghar en longeant la dune. Notre gassi est complètement fermé au nord, aussi loin que l'on peut voir, au point où nous y arrivons, en débouchant de la dune..... » « L'Oued Ighargharen se perd peut-être vers la dune, bien que la permanence des eaux, pendant deux ans, dans les fonds nord du gassi, tende à expliquer que c'est là où il finit. Mais il paraît tout à fait improbable que l'on arrive à déterminer la continuation du lit dans la dune même, jusqu'à l'Oued

Igharghar. Dans tous les cas, il n'existe rien d'analogue au lit théorique, supposé sur la carte, de Touskirin à l'Igharghar. »

Après avoir dépassé la source de Touskirin, la caravane s'engagea dans un nouveau gassi, qui la conduisit à un affluent de gauche et à la source même de l'Oued Tebalbalet, que deux palmiers et un gommier signalent de loin. Cette région jouissait cette année, par suite de pluies favorables, d'une végétation exceptionnelle, que la mission eut soin de signaler, mais en faisant remarquer qu'elle était accidentelle et que les voyageurs ne pouvaient, dans ce pays, compter toujours sur de semblables ressources.

Le 5 avril, le camp fut installé au pied de la dune que la caravane suivait en la laissant sur sa gauche, et dans un coude fait au sud-est par l'Oued Ighargharen. A cet endroit, l'Oued devient assez confus, ou plutôt le Djebel Samani que l'on avait à droite, se dédouble pour former une île au milieu du gassi, laissant à l'est l'Oued Tanefokh, et à l'ouest, l'Oued Igbargharen proprement dit. ? Du camp, la mission voyait le Samani comme une immense ligne noire allant du nord au sud et se perdant à son extrémité sud, derrière une chaîne secondaire ou plutôt une série de chaînons allant du nord-nord-ouest au sud-sud-est. Le relief de la chaîne principale au-dessus du gassi, varie de 350 mètres à 450 mètres.

Le lendemain 6, on chemina dans l'Oued Tanefokh, jusqu'à la source de Kinaouin; d'où, après avoir traversé une sorte de bois de *tolh*, on entra dans une riche vallée, à laquelle succéda un plateau de cailloux roulés puis l'Oued Lemenou, qui, venant du sud-ouest, franchit le Samani par une coupure étroite; on arriva ensuite à Aïn el Hadjadj.

C'est le même jour que le chef de la mission vit venir à lui, à une faible distance du campement de la veille, deux Touâreg Ifoghas, dont l'un Aokha ben Chaoubi, était, paraît-il un des principaux personnages des Nouquiran ; l'autre était un de ses parents. Il raconta que, parti de ses campements d'Ilisi à la recherche de chameaux égarés, il avait rencontré par hasard Ceghir qui lui avait indiqué la caravane. Le lieutenant-colonel Flatters lui fit rendre les chameaux qu'on avait en effet trouvés à Tebalbalet, et chercha à obtenir des renseignements. Quoique très réservé, il parut animé de bonnes dispositions et apprit au chef de la mission, que Ceghir avait continué sa route sur Ilisi et l'Oued Tahmalet, d'où de notables Ifoghas viendraient à sa rencontre. Quant aux chefs des Azdjer, ils étaient à Rhât. Le chef de la mission ne voulait pas obliquer à l'est jusque-là, sans avoir vu Aguellach et la Sebkha d'Amadghôr, ni sans avoir essayé de nouer quelque négociation avec Ahitaghen, le chef des Hoggar. Malheureusement celui-ci était campé très loin dans le sud-ouest. Cette impossibilité d'aller à Rhât, et d'attendre trop longtemps dans l'Oued Ighargharen une réponse incertaine, mit le colonel dans une perplexité qui lui fit regretter de ne pas avoir sous ses ordres une troupe indigène de 150 à 200 hommes et des chameliers soldats, comme ceux de la smala de Laghouat. Il estime, dans son journal, qu'une caravane ainsi organisée, pourrait avoir un caractère tout aussi pacifique, et de plus, une indépendance qui lui permettrait d'aller où elle voudrait. « Cela coûterait même, dit-il, relativement moins cher; la crainte que nous inspirerions, devant suppléer pour une bonne part aux dépenses en cadeaux..... Ce que je viens de dire n'a d'autre but que de montrer dans quelles limites nous pouvons nous trouver renfermés par la force même des choses, en agissant avec la prudence nécessaire pour aboutir à un résultat sérieux, tout en conservant à la mission un caractère essentiellement pacifique et diplomatique.

» A un autre point de vue, il n'est pas sans intérêt de

pressentir les choses et de temporiser, avant d'aborder le sujet même qui nous conduit dans le pays. »

Ici se placent, dans le journal de route, des considérations politiques qui ont, au sujet de nos tentatives vers le Soudan, un intérêt trop grand, pour qu'il soit possible de ne pas les citer en entier.

« D'après ce que j'ai pu apprendre jusqu'ici de la situation actuelle des Touâreg, la Porte Ottomane, qui n'est sans doute pas seule en compte, aurait singulièrement étendu son action. La ville de Rhât serait occupée militairement avec beaucoup de soin, à la demande même des habitants, fatigués des éternels combats livrés jusque dans les rues entre Azdjer et Hoggar pendant la dernière guerre. Le gouvernement de Tripoli aurait joué, dans cette guerre, le rôle de médiateur à la satisfaction de tous, et il lui en serait resté une grande influence, surtout sur les Azdjer qui fréquentent plus particulièrement Rhât, et qui, ajoute-t-on sous toutes réserves, auraient même envoyé, il y a environ un an, quelques délégués de tribus à Tripoli.

» Dans ces conditions, il est indispensable avant tout, de vérifier exactement l'état des choses, pour savoir sur quel terrain nous devons marcher. S'il est vrai que la concurrence anglaise ait fait autant de progrès qu'on le dit, par Tripoli et Rhât, sous le couvert du gouvernement turc, la question du rétablissement de la ligne commerciale d'Amadghôr et celle de la construction d'un chemin de fer, deviennent beaucoup plus complexes qu'on ne le supposait. Dans tous les cas, elles sont beaucoup plus difficiles à aborder avec les Touâreg, sans risquer d'échouer à la première ouverture. En effet, les avantages qu'ils en retireront ne sont pas aussi évidents qu'autrefois et ils ne compensent peut-être plus les inconvénients d'une sorte de prise de possession directe de notre part..... Il est donc indispensable de recueillir tous les renseignements qui peuvent être de nature à nous éclairer rapidement et définitivement sur ce qu'il convient de faire..... La question paraît devoir se subordonner à l'appréciation de la politique turque vis-à-vis des Touâreg. C'est du côté de Rhât qu'il faut aller la chercher, car jusqu'ici rien ne paraît en avoir transpiré ailleurs. Ce n'est que maintenant que j'ai pu en concevoir quelque idée en causant avec les indigènes et particulièrement avec le Targui Aokha. »

Aïn el Hadjadj, la « source des pélerins », où la mission s'était arrêtée le 6 avril pour s'y livrer aux réflexions qui précèdent, est un campement fréquenté par les caravanes du Touât qui vont à la Mecque tous les ans, en passant par Tripoli et l'Égypte. L'eau cependant n'y est pas d'une abondance extrême, mais sa qualité est excellente, et les abords offrent aux chameaux fatigués, une végétation réconfortante. Il est notoire d'après Bouderba, que les Hoggar et les tribus du voisinage y pillent quelquefois les pélerins.

Le 7 avril, tandis que la caravane se refaisait à Aïn el Hadjadj, le chef de la mission fit de nouvelles tentatives pour obtenir du Targui Aokha des indications plus explicites au sujet du droit de passage à travers les territoires touâreg. Mais, en dépit de ses bonnes dispositions, il n'en tira qu'une chose, c'est qu'il fallait réserver la question jusqu'à parfaite entente avec les tribus ; que du reste la route de Rhât était libre. D'après lui, il y aurait déjà longtemps que les Ifoghas passaient pour être les amis des Français, et on s'en était ému à Tripoli. En résumé, Aokha était un indigène prudent, désireux de servir la mission pour les profits qu'il en espérait, mais craignant de se compromettre, en prenant des engagements avant d'avoir consulté les siens.

Pendant son séjour à Aïn el Hadjadj, la mission put jouir d'une de ces sérénités atmosphériques déjà signalées par les voyageurs sahariens, comme ayant presque l'importance d'un phénomène météorologique, et qui a pour effet ordinaire de rapprocher considérablement les distances. Le 7 avril, en effet, la vue semblait s'étendre jusqu'à des distances de 100 kilomètres, permettant de distinguer la chaîne d'Amadghôr, le Tifidest du Hoggar, le mont Iraouen et le mont Ifettessen.

Le lendemain, on crut devoir rester encore à Aïn el Hadjadj. Aokha partit pour rejoindre sa tribu; il devait revenir avec Ceghir et engageait le lieutenant-colonel à pousser de l'avant vers Rhât. C'était évidemment pour le faire pénétrer au centre du pays des Azdjer. Mais le chef de la mission hésitait; il sentait qu'il lui serait plus difficile ensuite de revenir vers l'ouest, pour se rendre à Tahohait et Aguellach, comme il le désirait. D'un autre côté il ne pouvait prendre cette nouvelle direction sans en avoir conféré d'abord avec les chefs touâreg, car les Azdjer y verraient peut-être une hésitation; et les chameliers ou Chambâs qui l'accompagnaient, trouvant cette voie dangereuse tant qu'elle n'aurait pas été garantie, seraient sans doute disposés à l'abandonner. Enfin, dernière considération, il n'était pas possible de faire un plus long séjour à Aïn el Hadjadj sans s'exposer aussi à des commentaires désavantageux.

Il résolut donc d'attendre jusqu'au 10, délai suffisant pour le retour de Ceghir, et, disposé, dans le cas où il n'aurait pas rejoint, à continuer sa route vers Rhât. La situation on le voit, commençait à prendre une tournure délicate.

Le 11, suivant ce programme, on partit dans la direction du sud-est, longeant à gauche la grande dune qu'on n'avait pas quittée depuis Touskirin, et marchant vers le débouché de l'Oued Samen, où l'on campa. « A partir de ce point, dit le journal de route, l'Oued Igharghâren proprement dit n'existe plus; il ne forme plus qu'une série de cuvettes séparées par des seuils de sable; c'est comme un chapelet d'embouchures au pied de la dune de l'est. » Toute la contrée, du reste, offre, pour les hommes et les animaux des ressources remarquables, au point que le 12, la caravane dut s'avancer dans une véritable prairie, qui la conduisit à une daïa couverte d'une splendide végétation; puis elle atteignit une région de ravins compliqués, formant un des angles du plateau des Azdjer, passa à Tharkar Neraba, cimetière dans le plateau, où elle rencontra des Ifoghas gardiens de troupeaux de chèvres et vint camper à l'Oued Tigat, dans une région qui porte le nom de Nboukhia.

Une première députation (*miad*) de Touâreg Ifoghas et de Magasaten vint au camp, le 12, conduite par Ceghir qui avait remis ses lettres. En tête marchaient les notables de chaque tribu, entre autres Abdel Hakem et Ahendeboul des Ifoghas; Mohammed Dadda des Magasaten; Aokha ben Chahoui était aussi revenu. Il y avait en tout 30 personnes, dont 20 se disant d'un rang élevé, sans compter Si ben el Iamma, originaire du Souf, mokhaddem de l'ordre de Tidjani.

Après les formalités de rigueur, l'entrevue devint très cordiale et les affaires, suivant l'usage, furent remises au lendemain. Le 13, on partit ensemble, pour passer à l'Oued Ihan et de là à l'Oued Aguit, d'où l'on distinguait au sud-ouest le Djebel Takhemalet, un peu plus à l'est, le Djebel Intersi et à l'est-nord-est, la chaîne de Timenis. Le camp fut établi dans la daya Tibabiti, où rien ne manquait.

Les conversations du chef de la mission avec les Touâreg qui l'accompagnaient, lui montrèrent qu'ils comprenaient fort bien l'intérêt qu'aurait pour eux l'établissement de relations commerciales entre le Soudan et l'Algérie à travers le Sahara. Leurs dispositions paraissaient excellentes; mais nul ne voulait conclure d'arrangement avant une entrevue avec Ikhenoukhen. Chacun tenait à passer pour un personnage quand il s'agissait de recevoir, et déclinait toute influence quand il fallait promettre. Dans l'entrevue solennelle qui eut lieu à Tibabiti, la cordialité des rapports fut bien établie; mais il fallut s'occuper de régler le don d'hospitalité, sur lequel ils comptaient. Ils demandaient une somme de 5000 francs et un fusil de chasse pour chaque membre de la députation. On dût marchander et réduire cette prétention à 3000 francs et à huit fusils; on y ajouta des cadeaux particuliers pour les principaux chefs et une convention de bonne amitié fut aussitôt conclue. La députation s'en retourna, laissant au chef de la mission quatre de ses membres, à raison de 5 francs par jour chacun, et lui promettant des chameliers à 2 francs par jour; on convint que la mission irait au lac Menkhough.

Le 15, en effet, elle partit de Tibabiti et s'engagea dans l'Oued Tidjoudjilt, qu'elle remonta dans la direction est-sud-est. Cet oued lui parut former la suite de l'Oued Ighargharen qui n existe plus en cet endroit. Elle atteignit un col où Ceghir avait campé l'hiver précédent avec Abdelhakem, puis une vaste daïa plate formée par l'Oued Tidjoudjilt, couverte de végétation et nommée Tehentlemoun.

On y établit le campement le 16 avril. Ce devait être le dernier de la première exploration.

Le lac Mengkhough, situé par environ 26°25' de latitude nord et 6 degrés de longitude est, affecte une forme allongée dans la direction du sud-est. Sa surface équivaut à celle d'un étang carré de 500 mètres de côté. Il forme comme un cratère d'effondrement dans les dunes, avec communication du côté ouest vers l'Oued Tidjoudjilt. Les sources qui l'alimentent paraissent être au centre, et sa profondeur varie de 3 mètres à 7 mètres. Son eau est excellente; il contient de beaux et bons poissons; enfin des arbres élevés ombragent ses bords.

Le séjour de la mission dans ce campement dura jusqu'au 21 avril et les incidents, d'ailleurs pacifiques, qui se déroulèrent, eurent assez d'importance pour mettre un terme à ses travaux.

Tandis que les ingénieurs et leurs adjoints, particulièrement MM. Béringer, Roche et Le Chatelier faisaient dans les environs d'utiles reconnaissances, le camp devint peu à peu le rendez-vous des visites intéressées des Touâreg. Ce furent d'abord des amis de Ceghir, avec lesquels il se rendit peu après au campement où se trouvait sa femme; puis vinrent les dames Ifoghas montées sur leurs mehara; le 19 avril, ce fut une nouvelle députation de Magasaten; elle n'apprit rien de neuf, mais emporta des cadeaux. Le lendemain, la même tribu envoya encore des représentants. Ceux-ci prétendirent qu'avant de répondre, Ikhenoukhen attendrait une lettre de Tripoli; ce qui signifiait que la mission avait été signalée à Tripoli par le gouverneur de Rhât et qu'Ikhenoukhen répondrait suivant les instructions qu'on lui enverrait. Tout celà prêtait à réflexion. D'abord le nombre des importuns croissait à chaque instant; les provisions de la caravane s'épuisaient, et au milieu de ces atermoiements, les propositions pour continuer le voyage semblaient ne pouvoir aboutir.

Ensuite, le lieutenant-colonel apprenait pour la première fois qu'Ikhenoukhen était soumis de fait à l'influence turque, exercée par Safi, le khalifa de Rhât, gouverneur de la place, au nom de Tripoli, avec une garnison régulière. Pour lui, par conséquent, aller à Rhât sans attendre la réponse d'Ikhenoukhen, c'était peut-être soulever une question diplomatique que les instructions officielles n'avaient pu prévoir, puisque la situation des Azdjer et de Rhât par rapport au gouvernement turc, pouvait être une nouveauté dont la chancellerie du consulat de Tripoli n'avait pas eu, d'après lui, connaissance jusqu'à ce jour.

Il sentait qu'un voyage à Rhât dans ces conditions pourrait le compromettre sans lui laisser d'autre chance que de prendre la route ordinaire pour se rendre au Soudan. Les Azdjer ne voulaient pas évidemment aborder le Hoggar; ils le recevaient bien, mais surtout dans l'espoir d'un profit. Ahitaghen, à son tour, s'engagerait difficilement à le conduire s'il le voyait venir du pays de ses voisins, plutôt que de l'Algérie. Enfin, attendre sur place était impossible, car les provisions s'épuisaient et les Azdjer ne voulaient rien fournir avant la fameuse réponse d'Ikhenoukhen.

Ces considérations avaient une gravité incontestable, et de fait, on ne pouvait plus avancer sans s'exposer à des complications. Il devenait urgent de se concerter. Le lieutenant-colonel réunit donc les membres de la mission, leur exposa les faits et leur demanda leur avis. Ils furent unanimes à conseiller un retour sur Ouarglâ et Laghouat, pour s'y ravitailler et attendre le moment de recommencer l'excursion.

Ce fut donc le parti auquel on s'arrêta; les circonstances et les difficultés du moment en faisaient vraiment une loi au chef de la mission. Il écrivit seulement à Ahitaghen pour lui demander s'il consentirait à le conduire à travers son pays par Amguid et Amadghôr, comptant que sa réponse lui parviendrait dans un mois, à Ouarglâ. Il se décida ainsi, comme il l'écrivit d'El Biodh, le 3 mai, à M. le ministre des Travaux publics, « non à un renoncement de l'entreprise, pas même à un ajournement, mais à une pause nécessaire entre deux phases distinctes. »

Cette résolution une fois prise, la mission reprit le 21 avril le chemin d'Ouarglâ.

Elle eut soin, avant de s'éloigner, de noter sur l'état politique des Touâreg quelques renseignements que le journal de route nous a transmis sous une forme succincte[1]. Il nous

1. Ces indications très sommaires, surtout si on les rapproche des

apprend que parmi les tribus nobles des Azdjer, « les Ifoghas comptent actuellement 40 tentes nobles (*djouad*); leurs notables (*kobars*) sont : Abdel Hakem, Bassa, Ahendeboul et Aokha el Bakhay.

» La tribu des marabouts Ouled Sidi Moussa, compte 45 tentes. Ses notables sont : Afenaout, Mahommed Dadda, Mahomed ben Brahim.

» Enfin les Azdjer ou Azgar proprements dits, pris d'une façon générale, ont pour notables : El Hadj Ikhenoukhen qui a autorité sur tous les Azdjer; Akhi, Asman, Nakrouf, Iahia, Moulaï ould Kheddadj et Si Mohamed, fils d'Ikhenoukhen. On compte 400 tentes d'*imrhâds*, ou tribus serves placées sous la dépendance des nobles.

» Les Hoggar n'auraient que 120 tentes djouad; mais dans leurs guerres avec les Azdjer, ils ont toujours pour eux plusieurs de leurs tribus, par exemple une grande partie des Magasaten, les Idhanaouen, etc. Leur chef réel est Ahitaghen que l'on appelle aussi Itaghel chez les Arabes. Il est fils de Biska. Les autres principaux notables sont : Khiari son neveu par son frère, Ngaït, Sidi ould Gueradji, autre neveu d'Ahitaghen par le frère, Altissi ould Chikkat, neveu d'Ahitaghen par la sœur, et par suite héritier désigné du pouvoir, Anaba frère d'Altissi. Il est à noter que Chikkat et ses deux fils sont des Ouled Messaoud avec lesquels les Chambâs entretiennent de bonnes relations. »

Malgré les préoccupations politiques qui les avaient absorbés depuis Timassinine, les membres de la mission avaient continué leurs travaux, profitant même des séjours forcés pour exécuter des reconnaissances aux alentours du camp. Leurs notes nous ont laissé sur les ressources du sol, les indications suivantes :

études si approfondies de M. H. Duveyrier sur les Touâreg, auraient sans doute été complétées plus tard. Leur principal mérite est de nous donner des chiffres et des noms offrant un intérêt d'actualité.

PARCOURS.	NATURE DU SOL.	VÉGÉTATION.	EAU.
1er avril, de Timassinine à l'Oued Djoua, 21 kil.	Fond de sebkha, ferme et facile.	Abondante, arta, sfar, halma, etc.	
2 avril, Campement dans la dune, 25 kil.	Nebka, marne calcaire et argiles rouges. Gourds de 100 à 150 mètres.	Assez abondante; sfar, sbiedh (variété de drin), azal.	Orage violent.
3 avril, Campement à 16 kil. S. du Khanfousa, 28 kil.	Nebka et fond de gassi.	Assez abondante.	
4 avril, Aïn Tebalbalet, 20 kil.	Nebka et fond de gassi, grande dune à gauche.	Très abondante, bons pâturages.	Excellente, puits de 1m50. — Arbres et tombeaux.
5 — Campement au pied de la dune de gauche, 27 kil.	Fond de sebkha et de gassi, ravins.	Très abondante, bons pâturages.	Eau dans les daïas.
6 avril, Aïn el Hadjadj, 35 kil.	Fond de sebkha, prairie, terrain facile.	Végétation exceptionnelle, palmiers, plantes variées, graminées, jardins.	Puits comblé de 4 mètres de profondeur, bonne eau, peu abondante.
7, 8, 9, 10 avril, Séjour.			
11 avril, Oued Samen, 24 kil,	Reg et cailloux, fond de gassi et de sebkha.	Végétation remarquable, pâturages et bois de tamarins.	
12 — Oued Tigat, 24 kil.	Fond de gassi et de daïa couvert de végétation.	Végétation remarquable, pâturages et bois de tamarins.	Eau dans un ghedir.
13 — Daïa Tibabiti, 15 kil.	Fond de gassi et daïa couvert de végétation.	Abondante.	*Id.*
15 — Tehentlemoun, 20 kil.	Fond d'oued couvert de végétation.	Pâturage exceptionnel.	
16 — Lac Menkhough, 25 kil. Total 264 kil.	Fond d'oued, prairie.	*Id.*	Lac permanent, eau bonne, poissons.

Les observations scientifiques avaient donné de leur côté :

CAMPEMENTS.	LONGITUDE est.	LATITUDE nord.	TEMPÉRATURE.	BAROMÈTRE.	ALTITUDE.	ÉTAT DU CIEL.	OBSERVATIONS.
				mm.	m.		
Oued Djoua...........	4,10′	27°,55′	+ 30°,5	720,2	452	Couvert.	Vent S.-S.-E. pluie.
Campement de la Dune.	4,13′	27°,43′	+ 27°	721	»	Assez beau.	— N.-N.-E. orage.
Id.	4,40′,40″	27°,28′,30″	+ 20°,5	722,4	466	Très beau.	— N.
Aïn Tebalbaiet........	4,46′,20″	27°,18′,55″	+ 23°	727,5	470	Très beau.	— N.
Campement du 5.......	4,26′	27°,4	+ 27°,6	724,9	410	Très beau.	— N.
Aïn el Hadjadj........	5,8′,45″	27°,49′,45″	+ 31°,3	721,8	545	Très beau.	— N.-E.
Oued Samen..........	4,50′	26°,40′	+ 37°	722	550	Mauvais.	— S.-O.
Oued Tigat...........	5,30′,25″	26°,34′,50″	+ 28°,5	722	561	Beau.	— N.
Tibabiti..............	5,38′,10″	26°,32′,45″	+ 30°	718	572	Beau.	— E.
Theentlemoun........	5,21′	26°,29′	+ 32°,5	711,2	584	Assez mauvais.	— S.-E.
Mengkhough.........	6,1′,55″	26°,26′,25″	»	»	610	Assez mauvais.	»

VIII.

Retour du lac Mengkhough a Ouárgla

Départ de Mengkhough. — Itinéraires par renseignements. — Changement de route à Tebalbalet. — Reconnaissance du gassi Mokhanza par les ingénieurs. — Renseignements sur les routes d'Insalah. — Rentrée à Ouarglâ.

Le 21 avril, la mission reprit, comme on l'a vu, sa route en sens inverse. Abdelhakem, qui l'accompagnait avec six Ifoghas, la quitta bientôt avant l'arrivée au campement de Tamaldjalt dans l'Oued Tidjoudjilt, et lui exprima tous ses regrets de la voir s'éloigner. Le lendemain, on atteignit l'Oued Idjiran, qui est une daia d'embouchure. Un Ifogha, Dob ben Moheza, qui est un des meilleurs guides touâreg, donna au lieutenant-colonel d'utiles renseignements sur divers itinéraires.

L'un d'El Biodh à Amadghôr, s'étend sur 500 kilomètres du nord au sud. Avec des meharis, on parcourt cette distance en dix jours, savoir :

Deux jours d'El Biodh à Tinessig (eau).

Trois jours de Tinessig à l'Oued Amguid (eau courante, palmiers).

Deux jours d'Amguid à l'Éguéré, par l'Oued Tedjert(eau)

Trois jours d'Éguéré à Amadghôr (eau à Hassi Guedda et à Bou Rikhar).

Amadghôr est, d'après Dob, une sebkha de plus d'un jour de longueur sur presque autant de large... Son sel est excellent et blanc comme du sucre. Le prend qui veut, la sebkha étant abandonnée. C'est une ancienne route de caravanes également délaissée. Autour de la sebkha, s'étend une plaine (reg) à fond de cailloux noirs, peu riche en végétation, avec de l'eau saumâtre dans les puits. On peut passer en terrain parfaitement plat; mais ce n'est pas un chemin suivi.

Au sud d'Amadghôr, on prend la plaine d'Admar pour aller au Soudan en dix jours, avec de l'eau partout.

Un second itinéraire conduirait de la zaouïa de Timassinine à l'Oued Tedjert en cinq jours de mehari, par l'Oued Igharghar, en terrain reg, facile.

Un troisième itinéraire permet d'aller de la zaouïa à Tanelagh (eau) en trois jours, par Tisenagh, Tin Teghemt et Amguid.

Un quatrième conduit à Tahohaout en cinq jours, en terrain reg, en passant par Tanelagh et l'Oued Igharghar.

Tahohaout touche au lac Iskaouen, qui contient beaucoup d'eau, à Tinhias où est la tombe de Ckeikh Othman et à la source de Tin Tedjert.

Un cinquième mène de Aïn el Hadjadj à Tahohaout, en cinq jours de mehari, par la route des caravanes du Fezzan à Insalah.

Dob signala une route d'Insalah à Rhât, qui passe à Aïn el Hadjadj, par l'Oued Mestan, Tifemin, Arami, Tahohaout, Amguid (eau), Taghelalt, Tinioui, Tadjart du Mouydir, Amesaraba, Abadega, Tiounkinin (eau, palmiers), (c'est le Khangat el Hdid des Arabes), Akeraba (eau), Tarhami (qui touche Insalah) et Taziri (jardins d'Insalah).

Le même Targui apprit au chef de la mission qu'*aguellach* n'est pas un nom de localité. C'est une *hania*, en arabe, « lieu vert, prairie dans un oued ». Il y en a plusieurs, et le pluriel du mot est *iguellachem*. Celui qui est marqué sur la carte de M. Duveyrier est dans l'Éguéré.

Toujours d'après Dob, l'Azben et les points de Tintelloust, Ighezer, Tidjerin, Aghadès et Takaraza, appartiendraient au Soudan.

Enfin pour compléter ces indications, Dob fit connaître que la route d'Aïn el Hadjadj à Amadghôr exigeait cinq jours; celle d'Amadghôr à Idelès, trois jours; celle de l'Oued Gharis à Amadghôr, quatre jours.

Le 23 avril, la caravane alla établir son campement à

l'Oued Samen, d'où on lui indiqua encore une route pour se rendre au Hoggar, par Taressa, Ifernik, Tighemagh, Tamedjart, Tinezouatin, Tihoudaï et Amadghôr. Le lendemain, elle revoyait Aïn el Hadjadj. C'est dans cette partie de son journal de route, que le chef de la mission a relaté des renseignements topographiques qu'il avait obtenus du chef Abd el Hakem, sur le pays environnant ; il lui indiqua Tin Taghemt (eau), Inlalen, Tahihaout, Iskaouen, Amguid, etc., et toute la partie nord-oues du plateau dit des Azdjer, comme appartenant aux Hoggar, qui y ont presque toujours des campements.

Le 25, on atteignit Anteklat, dans l'Oued Tiaouin, embouchure secondaire de l'Oued Mastan, après avoir passé près de Ticbaben, à hauteur de la source Kinouin. Le 26, on franchit l'Oued Afelli pour venir camper à Tebalbalet, où on séjourna le 27. A partir de ce point, la mission laissa sur sa droite et au nord son précédent itinéraire, marchant directement sur El Biodh, par la vallée de Tebalbalet ; elle eut ainsi à traverser un plateau de sable, puis un feidj à fond plat de sable, et un cap de dunes venant de l'Erg de Timassinine et allant au sud-ouest. On aperçut à l'ouest la roche élevée de Tanelagh ; on passa ensuite une crête de siouf au bord du plateau dit des Azdjer, pour déboucher bientôt dans une vaste plaine de sable, dite de Fersiga. La route se continua par le sif d'El Felaïa, puis à travers une immense plaine de reg, qui n'était autre que l'Oued Igharghar, mais san thalweg apparent. Ce reg s'étend, d'après le dire des indigènes, jusqu'à l'Oued Tidjert, qui n'est que sa continuation par l'Éguéré, et qui communique à son tour avec la sebkha d'Amadghôr.

Il conduisit nos explorateurs au Rechag El Abiodh où l'on trouve quelquefois de l'eau ; on gagna ensuite une gara dite El Beïda, pour recommencer à suivre, sans points d'arrêt, la vaste plaine de 60 kilomètres de largeur dans laquelle se perd l'Oued Igharghar. La nouvelle route de la caravane de Tebalbalet ou Hamada d'El Biodh, complétée au moyen des itinéraires par renseignements qui furent recueillis sur les directions du sud et du sud-ouest, permit d'avoir, sur la ligne Timassinine, Amguid et l'aguellach, des notions très complètes que son chef devait, du reste, contrôler l'année suivante, en en vérifiant *de visu* l'exactitude.

Le 1er mai, en continuant de marcher au nord-ouest, la caravane coupa de nouveau le sentier (*medjebed*) d'Insalah à Ghadamès par Timassinine, que Gérard Rohlfs avait parcouru en 1864, en un point d'où les indigènes comptent neuf jours de mehari ou 450 kilomètres pour atteindre Insalah. Elle gravit ensuite le plateau qui borde l'Igharghar au nord, d'où elle s'engagea dans une série de gour rocheux situés à la tête de la sebkha d'El Biodh. Elle changea ensuite sa direction pour marcher au nord et au nord-est. Elle se trouvait alors sur la ligne directe qui conduit d'El Biodh à l'Oued Gharis et de là au Hoggar. Le lendemain, 2 mai, elle revoyait son campement d'El Biodh.

Deux jours après, MM. Béringer, Roche et Bernard, avec 7 hommes et 11 chameaux, partaient en reconnaissance légère pour vérifier les renseignements relatifs au gassi de Mokhanza. Le retour lui-même était ainsi utilisé, et servait à compléter les premières études de la mission.

Du 4 au 9 mai, elle revint à Aïn Taïba par la route du gassi qu'elle avait déjà suivie. Sur ce point, le journal de route fut encore enrichi de divers itinéraires par renseignements, savoir :

1° Celui d'Ouarglâ à Mesegguem par l'Oued Mia, et El Msied, que la seconde mission devait avoir l'occasion de parcourir.

2° Celui d'El Goleah à Mesegguem par Mechra m'ta Enmissa et l'Oued Tioughi.

3° D'Aïn Taïba à El Msied, en quatre jours, à travers l'erg.

4° D'Aïn Taïba à El Goleah par Sfa el Biodh et l'Oued Mia à l'est de Tendjaoui.

5° De Hassi Zimla sur l'Oued Mia à Insalah, par Hassi Inifel, Chebka et Hassi Mongar.

6° De Hassi Inifel ou Sidi Abdelhakem à Insalah par Tilmes er Rahou.

7° De Hassi Zimla à Insalah, par Tinfedjaouin, Feidj en Naam et Tilmes.

A ces renseignements, le chef de la mission put ajouter de nombreux détails sur l'importance et l'emplacement des ksour d'Insalah, ainsi que les noms des principaux coupeurs de route, Chambâs dissidents, qui ont leur repaire dans le Gourara, notamment à Timimoun.

Le 10 mai, on reprit la route d'Ouarglâ, par Gourd Terba, Feidj Damran, Daïa Retmaïa, Hassi Malah, Hassi Medjira, et Hassi Terfaïa. Enfin, le 17 mai, la mission rentrait à Ouarglâ, où elle était reçue par le khalifa de l'agha et par les ingénieurs de la mission Choisy qui étaient arrivés le 13.

Ceux-ci, de leur côté, ayant pris plus à l'est, une direction générale sud-nord, avaient campé d'abord à une petite sebkha, à 26 kilomètres environ d'El Biodh. S'engageant ensuite dans le grand gassi qui part d'El Biodh, ils avaient passé près de la dune de Mouileh et toujours en marchant sur le fond du gassi, avaient atteint Aïn Mokhanza el Djedid, le 9 mai. Après avoir bien étudié les ressources de ce campement, ils étaient repartis le 10, sur une direction générale nord-ouest, passant à Hassi Teboul, dans l'Oued Bou Nemel, dans l'Oued Bou Retmaïa et se retrouvant sur leur ancien itinéraire, à partir de Hassi Terfaïa.

Ils ont résumé comme suit leur reconnaissance du gassi de Mokhanza : « C'est une grande plaine, très resserrée vers El Biodh, où elle n'a que 7 ou 8 kilomètres de large, et qui va en s'évasant au fur et à mesure que l'on marche au nord. Elle atteint dans sa plus grande largeur peut-être 50 kilomètres de large de l'est à l'ouest. Cette plaine est semée de dunes de forme allongée et dont la longueur varie suivant les endroits. Leur grande dimension est constamment dirigée nord-sud magnétique et elles laissent entre elles des passages plus ou moins larges, plus ou moins contournés, parmi lesquels celui que nous avons suivi est probablement le plus constant comme direction. »

Le chef de la mission ajouta à ce résumé la note suivante : « L'ensemble constitue raisonnablement l'Oued Igharghar qui, ici comme ailleurs, n'est pas un fleuve à sec avec thalweg déterminé, mais une série de fonds et de lacs desséchés. »

Les ressources en eau et en végétation que la caravane eut à constater à son retour, sont à peu près les mêmes que celles du premier itinéraire. Elles ne varient que pendant la traversée de l'oued Igharghar, entre Tebalbalet et El Biodh où elles furent à peu près nulles. Il serait donc inutile de les résumer de nouveau. Il suffira de relater l'itinéraire et les distances parcourues.

ITINÉRAIRE DU RETOUR DE MENGKHOUGH A OUARGLÂ

Dates.	Lieux de campements.	Distance parcourue.	Observations.
21 avril...	Tamadjalt..........	35 kil....	
22 » ...	Oued Idjiran........	35 » ...	
23 » ...	embouchure de l'O. Samon...........	33 » ...	
24 » ...	Aïn el Hadjadj.....	15 » ...	campement connu.
25 » ...	Antoklat..........	37 » ...	végétation. Tempête.
26 » ...	Tebalbalet........	25 » ...	orage du sud.
27 » ...	Séjour.		
28 » ...	Gourd Forsiga.....	35 » ...	»
29 » ...	Rechag El Abiodh..	38 » ...	végétation nulle.
30 » ...	Campement dans le reg.............	32 » ...	gommiers et eau.
1er mai...	Tête de la sebka d'El Biodh...........	38 » ...	campement connu.
2 » ...	El Biodh..........	25 » ...	»
3 » ...	Séjour.		
4 » ...	Gassi el Adham....	32 » ...	»
	A reporter........	380 kil.	

Dates.	Lieux de campements.	Distance parcourue.	Observations
	Report........	380 kil.	
5 » ...	Avant-dernier campement avant El Biodh...........	40 » ...	»
6 » ...	Gassi Ghessal......	40 » ...	»
7 » ...	Feidj el Beïda......	35 » ...	»
8 » ...	Feidj Alenda......	36 » ...	»
9 » ...	Aïn Taïba.........	8 » ...	»
10 » ...	Gourd Terba.......	18 » ...	»
11 » ...	Feidj Damran.....	30 » ...	»
12 » ...	Daïa Retmaïa......	30 » ...	»
13 » ...	Hassi Malah.......	32 » ...	»
14 » ...	Hassi Medjira......	15 » ...	»
15 » ...	Séjour.		
16 » ...	Hassi bou Rouba..	40 » ...	»
17 » ...	Ouarglâ........ ...	41 » ...	»
	environ......	745 kil.	

XI

SÉJOUR À PARIS

Rentrée à Paris. — Réunion de la Commission supérieure. — Compte rendu des premiers travaux. — Résumé par le lieutenant-colonel Flatters des résultats obtenus. — Reprise de l'exploration.

Un mois après, nous retrouvons les membres de la première exploration à Paris, où ils sont venus rendre compte de leurs travaux. M. Varroy, alors Ministre des Travaux publics, réunit la Commission supérieure le 16 juin, pour remercier, au nom du Gouvernement, au nom de la France, les chefs de mission et leurs collaborateurs, de l'ardeur, de l'énergie et du dévouement qu'ils avaient apportés dans l'accomplissement de leur tâche; ensuite pour recevoir communication des résultats obtenus.

Quand son tour fut venu, le lieutenant-colonel Flatters lut une note qui résumait en quelques mots les principaux incidents de son voyage.

Puis il énuméra dans les termes suivants, au point de vue technique, les travaux accomplis :

« Exploration complète de la région de l'erg ou grandes dunes, au sud d'Ouarglâ ; découverte d'un large passage, par lequel une voie ferrée peut franchir l'erg en ligne droite, sur un terrain ferme et plat, fond de ballast, sans avoir à surmonter un seul instant l'obstacle des sables ; eau facile à trouver partout, en forant des puits dont le maximum de profondeur ne paraît pas devoir dépasser 15 mètres ; possibilité d'établir la voie sans aucune difficulté jusqu'à plus de 1000 kilomètres sud d'Ouarglâ, par le gassi, le *hamada* (plateau rocheux) et le *reg* (gravier fin très ferme) ; ... détermination de l'ensemble des points de Tahohait, à la pointe ouest du plateau dit des Azdjer, bien que cette partie soit aux Hoggar ; Tahohait commandant l'Igharghar, l'Oued Tedjert ; communication de l'Igharghar avec la plaine d'Amadghôr et la voie d'Insalah à Rhât ; reconnaissance du système de l'Oued Igharghar qui, grâce à l'élasticité donnée, dans le sud, au mot arabe « oued » (rivière, vallée), est bien loin de représenter une vallée avec thalweg, comme on l'avait généralement supposé jusqu'ici ; carte exécutée de la plus grande partie du pays des Touâreg Azdjer et d'une bande de terrain d'environ 100 kilomètres de largeur moyenne, au sud d'Ouarglâ (32°) jusqu'au 26° degré ; carte par renseignements précis et dûment contrôlés de nombreuses lignes à l'ouest dans le Hoggar et vers le Touât ; géologie, hydrologie, zoologie, botanique, etc., des contrées traversées.

» Au point de vue politique : définition exacte de la situation des Touâreg Azdjer et Hoggar, de celle de Rhât et des Azdjer vis-à-vis le gouvernement turc de Tripoli ; statistiques de toute nature, et surtout précédent établi d'une mission française nombreuse, allant pacifiquement explorer le pays et parfaitement accueillie des indigènes mis en fête pour la recevoir ; le territoire des Azdjer en quelque sorte ouvert, et presque certitude de pouvoir nous entendre avec un chef réellement influent du Hoggar, pour suivre tel autre itinéraire que nous désirerions vers le Soudan, en nous créant des relations définitives solides dans toutes les régions du Sahara central. »

Un éloge de tous les chefs de service de la mission et des remercîments chaleureux à tous ses collaborateurs pour leur concours dévoué, terminaient ce résumé, dans lequel on retrouve à chaque instant des témoignages de cette foi ardente qui l'animait et qui l'aurait conduit au succès, sans une de ces catastrophes imprévues qui déjouent souvent les plus habiles combinaisons.

Enfin il concluait à la reprise de l'exploration au mois d'octobre, sur la ligne droite du Hoggar par El Biodh, l'Igharghar, Amguid et Tahohait, et demandait, à cet effet, un crédit double de celui de la première expédition qui avait coûté environ 155 000 francs.

Dans cette séance, le lieutenant-colonel fut conduit à donner à la commission de nouveaux développements sur l'importance de la saline d'Amadghôr, sur les moyens de rétablir son exploitation, sur l'exactitude qu'on peut attribuer aux renseignements des indigènes quand ils sont contrôlés, enfin sur l'eau qu'il assurait exister au Sahara en une foule de points, où il fallait seulement savoir la trouver.

La Commission supérieure parut très satisfaite des travaux de la mission et des explications détaillées que son chef venait de lui donner. Elle lui en exprima publiquement ses remercîments, et saisit aussitôt les sous-commissions, des rapports qui les concernaient. L'examen auquel elles se livrèrent, fut également favorable, et le lieutenant-colonel Flatters, ainsi que ses collaborateurs eurent alors, pendant leur court séjour en France, cette satisfaction intime de voir leur zèle, leurs études, leurs efforts, appréciés et encouragés par le pays tout entier. Pour des hommes généreux et dévoués, nulle récompense ne pouvait leur être plus chère; elle devait suffire à les reposer de leurs fatigues et à ranimer leur ardeur pour de nouvelles entreprises.

En résumé, la première exploration avait démontré l'existence, à partir de Biskra, d'un passage à peu près libre de dunes, suffisamment pourvu d'eau et se prêtant par conséquent aux projets d'études entrepris par le Ministère des Travaux publics, en vue de l'établissement d'une voie ferrée.

Ces considérations décidèrent la première et la troisième sous-commission à émettre l'avis que l'exploration devait être continuée. La quatrième adopta des conclusions semblables et formula même un programme d'après lequel la nouvelle expédition devait être commencée à bref délai, autant que possible dès le mois d'octobre, les crédits nécessaires pouvant être demandés d'urgence aux Chambres.

Une seconde réunion de la Commission supérieure eut lieu le 28 juin 1880, pour la communication de ces projets. Là, ils ne rencontrèrent pas une approbation aussi formelle, et divers membres, d'une compétence éclairée, désapprouvèrent, même avec une certaine énergie, la reprise de l'exploration. Elle fut cependant décidée, et la majorité crut devoir en préciser le but spécial en engageant son chef à suivre une direction plus centrale que la première et à comprendre dans son itinéraire Amguid Tahohait et le Hoggar; enfin elle devait s'efforcer d'obtenir le concours du cheikh du Hoggar, Ahitaghen, et des chefs des autres tribus.

C'était en réalité l'adoption des idées personnelles du lieutenant-colonel Flatters. Aussi, encouragé par ce succès, par l'accueil flatteur qu'il avait reçu, par le sentiment de la valeur de son œuvre, stimulé par le désir de faire mieux encore, il se remit aussitôt au travail et prépara même un avant-projet de chemin de fer sur 610 kilomètres au sud d'Ouarglâ, avec des rapports détaillés à l'appui. Il s'occupa en même temps de constituer le personnel de sa seconde mission et de rassembler tous les éléments qui lui seraient nécessaires.

X

SECONDE EXPLORATION. DE OUARGLÂ A HASSI MESEGGUEM.

Départ de Paris. — Arrivée à Ouarglâ. — Organisation de la seconde mission. — Départ de Ouarglâ. — L'Oued Mia. — Itinéraire par renseignements. — Hassi Inifel. — Correspondances des membres de la mission. — Départ d'Inifel. — L'Oued Meseddeli. — L'Oued Insokki. — Rencontre d'indigènes. — Envoi d'un émissaire à Ahitaghen. — Région du Mador. — Arrivée au Hassi Meseggeum. — Rencontre d'une caravane. — Commerce d'Insalah. — Note géologique. — Plateau de Tademaït.

Au mois d'octobre 1880, conformément au désir exprimé par la commission, tout était prêt, et Flatters quitta pour la seconde fois la France, avec un personnel renouvelé, pour se rendre à Laghouat, où il devait retrouver une partie de ses chameaux et attendre le matériel qu'on lui avait expédié d'Alger.

Les circonstances lui imposèrent un séjour assez long dans ce poste avancé, où malgré les impatiences que lui causèrent des retards forcés, nous le voyons à cette époque, plein d'ardeur et de foi dans le succès de sa future exploration. Une lettre qu'il écrivit le 4 novembre au regretté président de la Société de Géographie, M. l'amiral de La Roncière le Noury, et que nous devons à la gracieuse obligeance de madame l'amirale de La Roncière, nous peint fidèlement, avec une sorte de « d'humour » et d'enthousiasme, les sentiments qui l'agitaient :

« J'ai dû partir presque subitement pour Alger, où arrivait une députation de Touâreg qui venait me chercher. C'est vous dire que les résultats de notre premier voyage se confirment complètement, et que sauf incident, le pays nous est ouvert pour le passage de la mission. J'ai reçu, d'autre part, des lettres très favorables du chef des Hoggar, Ahitaghen et du chef des Azgars, Ikhenoukhen : et nous partons pleins de confiance, comptant que jusqu'au tropique au moins, nous n'aurons pas d'autres difficultés à surmonter que celles de la fatigue du voyage.

» Au-delà, chez les Touâreg du sud, tout dépendra des circonstances. Je n'ai que des renseignements assez vagues; mais malgré quelques batailles que me signale Ahitaghen entre les tribus limitrophes du Soudan, j'espère que nous trouverons où passer sans encombre. Dans tous les cas, il ne dépendra pas de nous que la carte se raccourcisse dans un sens ou dans l'autre. Je compte au départ d'Ouarglâ, pousser au sud-ouest, atteindre le méridien 2° oriental, et le suivre droit au sud, par le haut Igharghar et Tahohait, sur la saline d'Amadghôr. Si les bonnes dispositions des Touâreg se maintiennent, comme je crois pouvoir l'espérer, j'explorerai sur plusieurs lignes : le gros de la caravane allant lentement par l'une, une exploration légère que je dirigerai le plus souvent moi-même, allant rapidement en voltes, par les autres. Notre itinéraire principal au départ d'Ouarglâ a le mérite de n'avoir jamais été parcouru par aucun voyageur européen ; nous ne risquons de mettre le pied sur une trace d'explorateur, qu'en franchissant vers Mesogguem, la ligne d'Insalah à Ghadamès, parcourue par Gérard Rohlfs, perpendiculairement à celle que nous suivons.

» Pour compléter le réseau des études, je pense à faire une volte à l'ouest, qui reliera Goleah à notre itinéraire par Mesogguem et une autre beaucoup plus loin à l'est pour relier nos lignes du premier voyage. Sans pouvoir affirmer que nous ne laisserons rien en doute d'un côté ou de l'autre, je pense néanmoins arriver à établir des documents également intéressants, pour les partisans des tracés sur le centre du Soudan et pour ceux de la voie sur le coude du Niger........ Nous faisons de la géographie en suivant le terrain de près en vue du chemin de fer, et, de cette manière, nous arriverons peut-être à satisfaire tout le monde. »

Ici se place une demande pour faire partie de la Société de géographie de Paris, à laquelle le chef de la mission « aurait été heureux de pouvoir envoyer, en qualité de membre, des communications qui pourront l'intéresser. » « Je vous serai bien reconnaissant, dit-il à l'amiral, de l'honneur que vous voudrez me faire en m'admettant. Je compte partir de Laghouat, du 12 au 15 de ce mois; nos bagages venant de France, sont restés en détresse sur l'abominable route d'Alger; mais ils vont enfin arriver, et de là, la cause de notre retard qui est d'environ 15 jours. Les routes d'Algérie sont affreuses dès que l'on sort du Tell. Les Algériens feraient mieux de les améliorer que de perdre leur temps à se disputer, pour savoir quelle province aura la tête du chemin de fer transsaharien. Il est certainement plus facile d'aller à chameau de Laghouat à Timbouktou, qu'en voiture de Médéah à Laghouat..... »

Quinze jours après, le 18 novembre, le convoi étant enfin à peu près au complet et les membres de l'exploration rassemblés, on put se mettre en route sur Ouarglâ, en suivant la voie ordinaire, indiquée sur le tableau ci-après.

GITES	DATES	DISTANCES	RESSOURCES EN EAU
Rog	18 nov.	15 kilom.	Pas d'eau.
El Methira	10 »	25 »	Pas d'eau (eau à Ksar el Hiran.)
Oued Moussa ben Aman	20 »	30 »	Pas d'eau (puits de Meddaguin à sec.) Pas d'eau.
Oued Mrarès	21 »	34 »	»
Oued Frah el Hamâ	22 »	34 »	Ghedir ayant de l'eau.
Oued Sodor	23 »	10 »	Pas d'eau.
Daïat Haddaz	24 »	28 »	Ksar du Mzab (eau).
Guérara	25 »	25 »	
Zorasi Gueblet Guérara	20 »	26 »	Pas d'eau. »
Targai	27 »	20 »	»
Oued Mzab	28 »	28 »	Eau.
Ngoussa	20 »	20 »	»
Ouarglâ	30 »	»	
		Total 310 kil. environ jusqu'à Ngoussa.	

Le séjour à Ouarglâ fut consacré à l'achat des chameaux qui devaient remplacer ceux qu'on avait loués à Laghouat et à compléter les approvisionnements. Tout ayant été commandé à l'avance, ces préparatifs marchèrent vite et le 3 décembre, la caravane se trouva prête à se mettre en route, en exploration définitive par l'Oued Mia, se dirigeant vers le sud-ouest, pour tourner ensuite directement au sud, vers le Hoggar.

Des modifications survenues depuis le premier voyage avaient réduit le personnel des membres de la mission à sept, dont deux nouveaux, et leurs attributions avaient été réparties comme il suit :

1° Lieutenant-colonel Flatters, chef de mission. Direction générale des divers services, rédaction du journal de route et de la correspondance officielle; soin de collationner les résultats, service des relations politiques, histoire et géographie générales, ethnographie, linguistique, etc.

2° M. Masson, capitaine du service d'état-major, commandant en second de la mission, chargé des détails de l'organisation et de la marche, de la rédaction de la carte par renseignements, des recherches des documents et des levés expédiés destinés à l'extension de la carte topographique générale, en collaboration avec M. Béringer.

3° M. Béringer, ingénieur des travaux de l'État, chef du service des observations astronomiques, géodésiques et météorologiques; rédaction des cartes topographiques et des projets.

4° M. Roche, ingénieur des mines. Chef du service géologique et minéralogique; rédaction de la carte géologique et collaboration avec M. Béringer, pour les observations astronomiques.

5° M. Guiard, médecin aide-major de 1re classe, au 2e zouaves, service médical, anthropologie, zoologie, botanique et photographie.

C'étaient les seuls membres de la première mission qui

eussent accompagné de nouveau Flatters. Les autres, pour des raisons indépendantes de leur volonté, avaient dû rester en France. Ils étaient remplacés, par :

6° M. de Dianous, lieutenant au 14e régiment d'infanterie, adjoint au capitaine Masson pour les détails d'organisation de marche et pour la topographie par levés expédiés.

7° M. Santin, ingénieur civil, adjoint à M. Béringer pour les observations, et la rédaction des itinéraires, plans, tracés, etc.

En outre, deux sous-officiers, MM. Dennery, maréchal-des-logis au 3e chasseurs de France et Pobéguin, maréchal-des-logis au 3e spahis, accompagnaient l'expédition, comme adjoints pour les détails des divers services.

Le lieutenant-colonel Flatters n'avait plus d'escorte proprement dite, mais seulement des ordonnances et des chameliers armés, savoir :

2 ordonnances français, dont l'un Louis Brame, était affecté à son service personnel;

12 ordonnances indigènes;

66 chameliers indigènes.

Le chef de la mission n'avait eu, à Laghouat, que l'embarras du choix pour le recrutement des hommes dans les diverses tribus du sud de l'Algérie. Il s'en était présenté plus de 500, des Ouled Nayl de Djelfa, des Larba de Laghouat et des Chambâs d'Ouarglâ. Dans le nombre, il avait surtout repris ceux qui avaient fait partie du premier voyage. Il y ajouta 7 guides chambâs, et un mokhaddem de l'ordre de Tidjani. La caravane comptait ainsi 97 personnes, en sus des 4 Touâreg qui l'accompagnèrent à partir d'Ouarglâ et auxquels 5 ou 6 autres s'adjoignirent pendant le reste du voyage.

Tous étant montés sur des mehari, on avait 97 chameaux de monture.

Les quatre mois de vivres, les huit jours de provisions d'eau, les bagages, instruments et autres objets exigeaient

180 chameaux de charge. C'était un total de 280 chameaux. Ce chiffre, énorme en apparence est encore au-dessous de la proportion ordinairement admise de 3 chameaux par homme. Sur les 118 chameaux de vivres, 12 portaient des rations carrées, c'est-à-dire des rations assorties en farine, biscuit, riz, viandes de conserve, etc., et ainsi nommées, pour les distinguer des rations simples qui ne contiennent qu'une seule espèce de denrée. Ces rations carrées se prennent surtout en prévision d'un détachement momentané. On donne à ce dernier un ou deux chameaux à rations carrées et il se trouve de suite appovisionné pour plusieurs jours. Enfin chaque chameau porteur avait une charge de 120 kilogrammes et une outre d'eau en surplus.

Le chef de la mission avait partagé son convoi en six sections, correspondant chacune à un ou deux membres de la mission et portant assez de matériel pour former au besoin une caravane complète. Il y avait de la sorte six caravanes distinctes. Les 13 jours de route de Laghouat à Ouarglâ l'avaient convaincu que ce système présentait de grands avantages pour la bonne exécution des services de marche, de sûreté, de bivouac, etc.

Cette organisation paraissait aussi bonne, aussi complète en ressources qu'on pouvait le désirer et de nature à faire concevoir les meilleures espérances pour le succès de l'entreprise.

Au moment de quitter Ouarglâ, cependant, le colonel reçut du gouverneur général de l'Algérie, une communication qui dût quelquefois plus tard le faire réfléchir et à laquelle on ne peut s'empêcher de songer avec tristesse, depuis le cruel désastre qui a si subitement interrompu cette courageuse exploration.

M. Féraud, notre consul général à Tripoli, prévenait à la date du 18 novembre, que d'après une lettre du gouverneur de Rhât, le chef des Touâreg Hoggar, Ahitaghen, auquel le colonel avait écrit, se montrait fort mal disposé ; il s'était rendu auprès du vieil Ikhenoukhen, chef des Touâreg Azdjer, et lui avait vivement reproché d'avoir engagé la mission à revenir.

D'autres renseignements faisaient présager à M. Féraud des troubles prochains chez les Touâreg.

Sans se dissimuler la gravité de ces bruits, le lieutenant-colonel ne crut pas devoir s'en préoccuper ; ils ne concordaient ni avec ses informations personnelles, ni avec les lettres qu'il avait reçues d'Ahitaghen. Il ne fut pas éloigné de les attribuer à quelques intrigues des marchands du Touât ; peut-être à celles des marchands de Rhât et de Ghadamès, qu'il savait hostiles à nos projets d'extension commerciale et il résolut de passer outre, tout en prenant bonne note de ces renseignements.

Le 4 décembre, la caravane quitte Ouarglâ et commence cette seconde exploration qui devait lui être si fatale, en suivant dès le départ, une route qui n'avait pas encore été relevée par les Européens. Le même jour elle entrait dans le lit de l'Oued Mia.

Les nouvelles reçues depuis cette époque, de nos vaillants explorateurs ont été datées, comme les documents qui les accompagnaient, des gîtes où ils ont fait séjour, savoir :

D'Hassi Inifel, le 17 décembre 1880 ; d'Hassi Mesegguem, le 6 janvier 1881 ; d'Amguid, dans l'Oued Igharghar, le 19 janvier, par 26 degrés latitude nord et 3 degrés longitude est ; enfin d'Inzelman Tikhsin, près de la sebkha ou saline d'Amadghôr, le 29 janvier par 25°,30' de latitude nord. Ce sont leurs principales étapes et celles qui nous serviront de divisions naturelles pour le récit de leurs excursions.

Une circonstance défavorable, affecta leur départ. Il n'avait pas plu l'automne précédent et le territoire à parcourir n'avait pas reçu une goutte d'eau depuis deux ans. Ce fait météorologique dont il est difficile de se rendre compte dans nos climats tempérés, exerce sur les voyages au Sahara une influence considérable, qu'on ne saurait jamais négliger.

De Ouarglâ à Hassi Inifel, la caravane, suivant à peu près la direction sud-sud-ouest, qui conduit à Insalah, ne s'écarta guère de l'Oued Mia, plaine sablonneuse, assez vaste, aux contours souvent indéterminés et bordée à de grandes distances par des gours. Dès le 6 décembre, elle put confirmer un renseignement que les indigènes lui avaient déjà donné à Ouarglâ. Depuis cette ville, elle n'avait remonté qu'une branche de l'Oued Mia, la principale, qui finit au chott d'Ouarglâ. Une autre branche, qui finit à Hassi el Hadjar, bifurque avec la première à Hassi ben Djedian. « Il paraît assez vraisemblable, écrit le chef de la mission, qu'on peut considérer comme un delta d'embouchure, le secteur dont le centre serait à Ben Djedian et dont l'arc passerait à Hassi el Hadjar et Ouarglâ. Toutefois les deux branches dont il vient d'être parlé, sont nettement déterminées et les indigènes les distinguent fort bien. »

Les jours suivants, le thalweg de l'oued leur parut encore plus indécis; mais ce qui leur manquait le plus, c'était l'eau. Le 9, en effet, à Hassi Djemel, limite extrême de l'excursion de M. Largeau, il fallait faire un court séjour pour renouveler celle des outres, en prévision de six à sept jours de marche sans eau. Selon l'expression arabe, « les puits étaient morts » dans toute la partie de l'Oued Mia, entre Hassi Djemel et Hassi Inifel.

Dans cette région, les gour présentent des arêtes moins vives que dans l'est; ils forment des ondulations et de vastes vallonnements; le reg lui-même est légèrement ondulé, en sorte qu'au lieu d'être représenté par une plaine sans thalweg apparent, l'Oued Mia peut être figuré par un ensemble de vallées à peu près parallèles, peu sensibles, se confondant parfois, mais assez apparentes pour avoir des noms distincts. C'est ainsi qu'à 20 kilomètres de Hassi Djemel, à

Hassi Zmila, où se trouvent comme le nom l'indique, des amas de sable (*zmoul*), on rencontre deux vallées : la principale, le long du Gour el Anek; l'autre, secondaire, l'Oued Zmila, qui est une sorte d'affluent ; et, entre les deux, formant séparation, une continuation des zmoul pendant 10 kilomètres environ, formant un *hadeb* (« dos d'âne ») de reg, dit Gouirat Kahal. Cet Oued Zmila fut remonté le 10 décembre jusqu'à la dépression Sebkha Terfaïa, où il cesse de former un vallonnement distinct.

Sur ce point, la mission put relever par renseignements quelques directions intéressantes.

Celle de Sebkha Terfaïa au point dit Mahboula, à 70 kilomètres au nord-est ;

Celle qui passe à Boukira, à 25 kilomètres environ à l'est et avec une plus forte inclination vers l'est, à Tamesguida ;

Celle qui passe à Gharet Ghezal, à 30 kilomètres environ à l'est-sud-est ;

Ces renseignements étaient, en outre, contrôlés par des visées que les topographes faisaient vers l'est, sur les principaux points de leur voyage, qu'ils apercevaient encore de temps à autre.

A Melagat es Siab, le 11, la mission recueillit sur les directions de l'ouest, des indications, qui méritent aussi d'être signalées. Elle sut qu'à 60 kilomètres vers l'ouest, on rencontrait dans le Hamada Oudian Cheheb, une sebkha dite Malah, qui contient du sel et de l'eau saumâtre. De ce point on se rend en ligne droite à Goleah, par le hamada, en passant à Dhmirat Meriem, Dhmirat el hanna, Areg Ghanem, Mechkarden, et Gour Ouarglâ.

On peut encore se rendre directement de Sebkha Malah à Hassi Zirara, par Areg Talemout, El Begrat, Er Rich, Zmila Berkaoui, Bou-ali, Saadan, Zirara.

De Zirara à Goleah, on indique comme itinéraire : Areg Mezrag, Gar el beïda, Amoud, Gada, Bouksikis, Anteg et Goleah.

Peu à peu, à mesure qu'elle s'avançait vers le sud, la mission voyait se transformer l'Oued Mia, qui était en réalité l'objet de ses études. D'abord indéterminée, présentant plus tard sur un seul de ses bords des contours appréciables, la plaine finit par offrir, au delà de Rechag el Itel, l'aspect d'un véritable lit de rivière, marqué, il est vrai, par des dunes de sable confuses et assez difficiles, mais à berges bien accentuées, comme cela n'avait pas encore eu lieu.

Il résulte des observations faites sur la topographie de cet oued, que pour se rendre d'Ouarglâ à Insalah, on rencontre dans son thalweg, sur une centaine de kilomètres, au sud de Rechag el Itel, des difficultés réelles. Ainsi, au confluent de la branche du Khechaba, que la caravane atteignit le 12 décembre, l'Oued Mia est, paraît-il, tout à fait barré, non seulement par l'amoncellement des dunes qui encombrent son lit, mais encore par une chaîne qui suit la rive droite du Kechaba et par une autre qui suit la rive gauche du Tinef Djaouin. C'est un passage que Flatters a indiqué comme difficile et confus, ne pouvant être tourné qu'à grande distance, soit au nord-ouest par Hassi Malah, à 30 kilomètres environ; soit au sud-est un peu avant Tinef Djaouin, qui est à 40 kilomètres environ. Du reste, les indigènes eux-mêmes signalaient la région entre Rechag el Itel et Sedjerat Touila, comme la plus déshéritée de l'Oued Mia. C'est à 15 kilomètres de Sedjerat Touila que le colonel place le bouquet de trembles (*safsaf*) déjà signalé par M. H. Duveyrier, comme formant la ceinture d'un ghedir permanent de plusieurs mois, après les pluies.

C'est encore dans ce trajet que la mission eut l'occasion de recueillir un itinéraire par renseignements entre Rechag el Itel, Mesegguem El Biodh.

Pour le premier, de Rechag el Itel à Mesegguem, la route indiquée passe par Hamad el Achan, Tinedjaouin, Gherid el agreb, Zmal el Archa, Mogtela, Gherid bou Lahia, Takoumsit, Msied (*tilmas* ou petits *ghedirs* où l'eau reste jusqu'à trois ans après les pluies), Tinkount (tilmas), Dayat en Nadja, Dayat ef feras, Dayat chieb, Dayat ben Lekhal, Roknat ed diba, Oued Tinersal (ghedir), Djeraïrtn, Oued Djokran (oued large, ghedir), Oudei Oubardi, Oued Ghalga, Oued Itlou, Oued Hassani, Oued Imgharghar (large oued), Oudian Sebbat (affluent du précédent), Oued Sodf, Oued Alenda (affluent du précédent), Oued Aou louggui (eau à peu près permanente), Mesegguem.

Tous ces oueds viennent du sud-ouest et finissent dans l'erg, à l'Oudje ouest.

De Mesegguem à El Biodh, on se trouve sur la route d'Insalah à Ghadamès, à l'ouest de l'Oued Souf; on passe à Oudian chouikh, Oued el Abed, Oued ed Daïat ben Abbou, Menkeb retem, Feidj El moghania, Dra Allal et El Biodh.

Le 16 décembre, après un voyage des plus pénibles dans cette plaine aride où les puits morts sont plus nombreux que les points d'eau, la caravane vint camper dans l'Oued Mia, au Hassi Inifel, à côté de la Kouba Sidi Abdelhakem, nom d'un marabout renommé qui y mourut il y a près de quatre-vingts ans.

Inifel, où la mission séjourna, est le point de croisement de plusieurs directions. Celle de l'ouest conduit à Dra Saret, bande de dunes qui marque la place d'un lit d'oued, l'Oued Saret, à 15 kilomètres environ.

L'Oued Mia proprement dit continue, paraît-il, en amont, dans la direction de l'ouest-sud-ouest par Tilmas el beguem, Mechra Ennsa, Mechra el abiodh, Mechra el aten, Metlag Chebaba, Tildjemat, Metlag Aoulo Fuggui, Djelguem, Miat-nekhal Ferkna, Nziman, Hamdi, Broughen, Gouirat ed diab, Hassi Mongar, El Djeddiad et Zaouïa Kahla, qui n'est autre qu'Insalah.

C'est à Hassi Inifel, que la direction d'Insalah quitte l'Oued Mia pour aller droit au sud-ouest, en passant par Mekiem el Gfoul, qui marque à 4 kilomètres, le confluent encombré de gour et de dunes de l'Oued Meseddeli, avec l'Oued Mia.

Cet Oued Meseddeli n'est que la continuation de l'Oued Insokki[1]; il est suivi par les voyageurs qui vont à Insalah en s'arrêtant à une série de gîtes, que la mission eut également soin de noter.

Elle releva de même, par renseignements, les itinéraires de Insokki à Mesegguem; de Inifel à Goleah, qui est à 120 kilomètres sud-sud-est; et de Goleah à Insalah, en ligne directe.

En somme, le voyage depuis Ouarglâ s'était effectué dans une région aride, sans ressources, d'un parcours souvent facile peut-être, mais offrant de sérieuses difficultés pratiques et ayant enfin le défaut d'avoir très peu d'eau. Rien ne saurait en donner une idée plus juste que l'extrait suivant d'une lettre écrite d'Inifel, le 17 décembre, par le chef de la mission, à madame Flatters :

« Je vous écris d'Hassi Inifel, à 120 kilomètres au sud de Goleah, à 330 kilomètres au sud-ouest d'Ouarglâ, sur l'Oued Mia, soit à mi-chemin d'Ouarglâ à Insalah. Nous avons fait 650 kilomètres en caravane depuis Laghouat et nous sommes à la limite extrême sud de l'Algérie, si même nous ne l'avons pas dépassée; car, dans le Sahara, il est bien difficile de déterminer des limites à 100 kilomètres près. L'exploration marche bien et elle s'exerce, depuis 200 kilomètres environ, sur un pays qui n'a encore été visité par aucun Européen. Mais quel affreux pays! Sept et huit jours consécutifs sans eau! Et, quand on arrive à un puits, il faut le déboucher et y travailler pendant des heures, pour parvenir à faire boire bêtes et gens! La nécessité de trouver des points d'eau, nous entraîne plus à l'ouest que je ne supposais; mais c'est plutôt un bien qu'un mal, car nous complétons ainsi la carte, restée absolument inconnue de ce côté; et la recherche du chemin de fer gagne beaucoup aux zigzags auxquels nous sommes obligés.

1. In-esokki d'après M. Duveyrier.

» Les Touâreg Hoggar que nous allons aborder par le centre, n'ont pas encore paru. Du reste, nous ne serons pas sur leur territoire proprement dit, avant six ou sept jours à partir d'ici.

» Il fait un froid de loup la nuit, le thermomètre descendant jusqu'à 4 et 5 degrés au-dessous de zéro. Le jour, la température monte à 24 ou 25 degrés. Les pauvres chameaux trouvent bien encore des pâturages; mais c'est sec au possible, attendu qu'il n'a pas plu depuis deux ans, d'une façon quelque peu appréciable. Une bonne pluie nous ferait grand bien et nous éviterait bien des corvées; mais c'est une chance, et, en somme, tout en ne conseillant à personne de voyager dans le Sahara, uniquement pour son plaisir, on s'en tire tout de même.

» Des voyageurs ont essayé autrefois d'aborder notre itinéraire, M. Largeau entre autres; ils n'avaient pas dépassé Hassi Djemel à 100 kilomètres sud-ouest d'Ouarglâ, que déjà ils avaient reçu des lettres d'Insalah, les prévenant de ne pas s'avancer plus loin et les engageant en termes assez vifs à rebrousser chemin; ce qu'ils étaient bien obligés de faire parce qu'ils étaient isolés. »

Cet extrait méritait d'être reproduit pour donner une idée de la tranquillité d'esprit que le chef de la mission et ses collaborateurs conservaient au milieu des difficultés de leur route, pour montrer surtout quel zèle pour la science et pour les intérêts de leur patrie ne cessait de les animer; enfin pour donner de l'aspect des lieux et du climat, une appréciation exacte et sincère.

Malgré l'aspect désolé de la contrée, où les noms d'hommes ne rappellent en général que des malheureux morts de soif, les observations scientifiques n'avaient pas cessé un instant et l'on avait recueilli, entre Ouarglâ et Inifel, de précieuses données.

Celles qui concernent la nature et les qualités du sol, peuvent se résumer comme il suit :

PARCOURS	NATURE DU SOL	VÉGÉTATION	EAU
Le 4 décembre d'Ouarglâ à l'Oued Mia R. D. 15 kil.	Reg et nebka.	Pâturage assez abondant.	Pas d'eau.
Le 5, campé à Bou Kenoissa. 25 kil.	»	»	Eau, puits de $7^m,40$, l'eau a 23°.
Le 6, campé à 2 kil. à l'O. du puits Hassi mahmed ben Aoued. 30 kil.	»	»	Pas d'eau. Puits mort depuis longtemps.
Le 7, Gouirat ben chaheb 30 kil.	»	»	Pas d'eau.
Le 8, Hassi Djemel. 18 kil.	»	»	Puits de 11^m, eau à 23°.
Le 9, séjour.			
Le 10, Sebka Tafaïa. 30 kil.	Reg et nebka avec affleurement de gypse.	Pâturages. Torfa (tamarins) rabougris.	Pas d'eau.
Le 11, Melagat es Siab. 32 kil.	Reg et nebka.	»	Ni eau, ni puits.
Le 12, confluent du Kechaba. 42 kil.	»	Pâturages peu abondants.	Pas d'eau.
Le 13, Sedjerat Toulla. 40 kil.	Nebka et gypse.	Végétation abondante, drinn, Baguel, tamarin.	Traces d'une crue de l'année 1880.
Le 14, Safsaf. 22 kil.	Reg et nebka.	Végét. abondante.	Pas d'eau.
Le 15, Zmoul Guebleï sidi Abdelhakem. 28 kil.	»	»	»
Le 16, Hassi Inifel. 12 kil.	»	»	Bonne eau à 22°,5. Puits de 6^m.

Ces renseignements sont complétés par les études géologiques de M. Roche; il a établi que la nappe d'eau qui alimente les puits de la région, est celle du chott d'Ouarglâ. Suivant lui les grès des hamadas, comme les berges de la vallée de l'Oued Mia, constituées par du calcaire blanc mélangé de quartz blanc, appartiendraient à l'étage turonien. Les dépôts qui couvrent l'Oued Mia sont quaternaires.

Sous ces alluvions, se trouve la nappe aquifère qui alimente les puits et peut-être plus bas, la nappe artésienne comme dans l'Oued Rhir et à Ouarglâ. « En supposant, dit M. Roche, pour l'Oued Mia et pour l'Oued Igharghar, un ancien lit creusé dans le terrain crétacé et occupé maintenant par des dépôts argileux quaternaires, retenant une nappe artésienne, on expliquerait facilement la faible largeur de la nappe de l'Oued Rhir, sans être obligé d'avoir recours à l'hypothèse de fractures du terrain crétacé. »

Les autres observations scientifiques dues pour la plupart à M. l'ingénieur Béringer, nous ont laissé les indications ci-après :

CAMPEMENTS	LONG. E.	LAT. N.	Température	Baromètre	ALTITUDE	OBSERVATIONS
Le 4, Oued Mia........			+ 17.2	750.5		Vent de N.E
Ben Koukssa.	2° 50'	31° 30'	+ 10	750		N.E.
Hassi Mahmed ben Aoued.	2° 40'	31° 20'	+ 18	753.0		Beau temps, pas de vent.
Goulrat ben Chaheb			+ 18.2	755.5		E.N.E.
Hassi Djemel.	2° 30'	31°	+ 10	750.0		N.E.
Sebkha Terfaïa........	2° 30'	30° 40'	+ 10	752		Temps couvert, vent d'O.
Melagat es Siab.......	2° 20'	30° 40'	+ 20	750.5		Couvert.
Oued Kechaba.	2°	30° 20'	+ 17.2	748		N.E.
Sedjerat Toulla	1° 40'	30° 10'	+ 18.7	745		N.
Safsaf........	1° 35'	30° 5'	+ 18.1	740		N.E
Zmoul Gueblet	1° 30'	29° 50'	»	743.0		N.E.
Hassi Inifel...	1° 20' E.	29° 45' N.	+ 17	740	310m [1]	Assez beau.

1. 310 mètres est le résultat des observations hypsométriques. Le chiffre indiqué sur l'itinéraire est 305 mètres.

Plusieurs membres de la mission profitèrent à Hassi Inifel, de l'occasion que leur avait réservée leur chef, d'envoyer des nouvelles en France, par des cavaliers de l'agha d'Ouarglâ retournant dans leur pays. Aussi nous reste-t-il quelques rares correspondances, dont les extraits nous donnent sur le pays parcouru, des détails intéressants. Dans une lettre adressée à M. l'ingénieur en chef Fournié, alors directeur de la construction des chemins de fer au Ministère des Travaux publics, le lieutenant-colonel revient sur la possibilité d'aller à Insalah et conseille de faire appuyer des explorateurs à distance par une colonne militaire. Il ajoute à la description géographique de l'Oued Mia quelques observations nouvelles. « L'Oued Mia, dit-il, forme bien une vaste trouée dans la région des Areg, et il faut supprimer de la carte de M. Duveyrier, toutes les dunes marquées au sud de Goleah. La carte par renseignements de M. Choisy est également à modifier, pour ce qui regarde quelques points de l'oued, les sables et l'indétermination du lit en amont de Rechag el Itel.... » « Le hamada est souvent très vallonné, etc. » En résumé il conclut en faveur d'un tracé qui abandonnerait l'Oued Mia, pour lui préférer l'Oued Igharghar.

Une lettre d'Inifel, datée du 18 décembre et adressée par M. l'ingénieur Béringer à son collègue M. Fournié, à l'obligeance duquel nous devons bien des détails intimes, mérite aussi d'être citée :

« Nous venons d'arriver à Hassi Inifel... le pays traversé est des plus tristes : un grand hamada sans végétation et légèrement ondulé; une grande gouttière de 1 à 2 kilomètres de large, dans le thalweg de laquelle est un étroit ruban de végétation; quelques dunes à l'horizon et... c'est tout. » Il explique ensuite, comme il l'a fait dans une lettre envoyée à M. Duveyrier, que la pénurie d'eau va obliger la mission à obliquer pendant quelques jours vers le sud-ouest, en suivant l'Oued Insokki, affluent de l'Oued Mia, pour se diriger de là sur Mesegguem.

La mission resta à Hassi Inifel les 16, 17 et 18 décembre, pour abreuver les chameaux et faire des provisions d'eau pour le reste de la route.

Le départ eut lieu le dimanche 19 ; mais, comme le faisait pressentir la lettre écrite par le lieutenant-colonel à sa femme, le manque d'eau l'obligea à changer sa direction. Au lieu de gagner Mesegguem par une marche droit au sud, il lui fallut faire un détour par le plateau de Tademaït. Cette légère déviation de son itinéraire était d'ailleurs sans importance; elle rentrait même dans le programme de la Commission supérieure, qui lui recommandait d'appuyer plutôt vers le centre du Sahara que vers l'est.

La caravane se développa d'abord dans le confluent de l'Oued Meseddeli et gagna ensuite l'Oued Insokki, où elle reconnut des traces encore fraîches d'une bande de maraudeurs allant vers le nord-ouest, et qui avait dû franchir ce passage sept ou huit jours auparavant. Là, elle releva un itinéraire par renseignements de l'Oued Insokki au Gourara, vers Aouguerout, ksar important qu'elle place à l'ouest et très près de Timimoun. On lui indiqua en outre, comme se trouvant autour de Aouguerout, le Ksar de Deldoun au sud-sud-ouest; le Ksar d'El Barka, à l'ouest; puis celui de Touki; au nord-ouest de ce dernier, le Ksar des Oulad Rached; puis celui de Mtarfa, qui appartient aux Doui Menia.

Elle apprit qu'entre Mtarfa et le Touât, on rencontre plus de trente ksour, dont Timmi est le principal; il a pour cheik, en ce moment, El Hadj Mahmed Ould el Aadj Hassen.

Le reste des indications sur le Touât et le Tidikelt (pays d'Insalah), concerne le Ksar de Tamentit, l'Oued Saoura, les ksour de Zaouïat Cherfa qui produisent du *henné*, l'Oued Botha qui va du plateau de Mouydir à l'Oued Saoura, et les ksour de Tit et d'Aoulet. On put rectifier le renseignement qui avait été obtenu dans le précédent voyage sur la distance de Milianah à Insalah, ainsi que la position d'Aïn Souf, telle qu'elle est donnée dans la carte de Pétermann, d'après l'itinéraire de M. Soleillet. Le chef de la mission, qui s'occupait plus spécialement de ces questions, put s'assurer que ces détails concordaient avec ceux que Gérard Rohlfs avait rapportés.

On s'engagea ensuite dans l'Oued Insokki, dont le lit se resserrant vers le point où il s'appelle Oued Rezma, obligea les voyageurs à franchir un véritable *cañon* encombré de roches. Dans sa haute vallée qui prend le nom d'Oued Tioughi indiqué par M. Duveyrier, il fut possible d'avoir une note précise sur sa direction et sur sa formation.

En la remontant dans la partie appelée Oued Megraoun, le 22 décembre, on fit la rencontre de cinq hommes des Zoua et des Oulad Bahamou, dont l'un était parent du guide Mohamed ben Radja. Ils apprirent que tout était en paix dans le pays, que la mission pouvait marcher avec confiance, et que récemment, les Hoggar étaient allés au nombre de trois cents pour l'Aïd Kebir, à Insalah, afin de faire la paix avec les gens d'Aoulef, avec lesquels ils avaient eu des difficultés. L'arrangement avait eu lieu, et Ahitaghen, qui conduisait ses Touâreg, racontait hautement qu'il avait écrit au chef de la mission pour lui dire qu'il pouvait traverser son pays. Ces détails étaient conformes à ceux qu'avait déjà reçus le lieutenant-colonel, et, en particulier, à une lettre du mois d'août, dans laquelle Ahitaghen lui annonçait son intention de se rendre au Touât.

Depuis son arrivée dans l'Oued Tioughi, la caravane rencontrait plus fréquemment de l'eau et des roches de nature plus ferme, qui dénotaient le voisinage d'une contrée accidentée et rocailleuse. Elle eut, dans cette partie de son trajet, à franchir de nombreux ravins, gagna l'Oued Aghrid, l'Oudian Lefad, l'Oudian Djidari, et s'arrêta un jour à Hassi Insokki, près de la tête de l'oued du même nom. On y releva un itinéraire par renseignements pour se rendre de ce point à Insalah, et on décida, le 27 décembre, d'envoyer au chef des Hoggar, dans le Tidikelt, un homme de confiance, cheikh Boudjema, qui devait lui remettre des lettres destinées à lui annoncer l'arrivée de la mission.

Le lieutenant-colonel écrivit d'Hassi Insokki à madame Flatters une nouvelle lettre, d'où nous extrayons les détails qui suivent :

« Hassi Insokki — 1° long. E — 28° 30' lat. N.

» Je terminerai ma lettre à Mesegguem, d'où j'enverrai un courrier par retour des gens d'Ouarglâ arrivés ici hier. L'exploration marche bien et nous sommes en pleine découverte, tout, jusqu'aux renseignements indigènes, étant absolument à modifier, relativement à l'idée qu'on se faisait de ce pays.

» L'Oued Insokki, affluent de l'Oued Mia, était inconnu; le plateau de Tademaït, que nous déterminons, était soupçonné bien différent de ce qu'il est réellement..... Pour le moment, nous sommes à 550 kilomètres sud-ouest d'Ouarglâ, à 200 kilomètres est-nord-est d'Insalah. Le pays est montagneux, très difficile; les oueds très encaissés coulent en moyenne tous les trois ans. Si on passe en dehors des oueds, on a le rocher mouvementé, nu et aride, sans compter les gros accidents de terrain; si on passe dans les lits d'oued, on peut être emporté, le cas échéant, par une crue. Vous voyez que, pour un chemin de fer, ce n'est pas très praticable.....

» La marche est fort pénible pour le moment : très froid la nuit, très chaud le jour. Il n'a pas plu depuis longtemps; nos chameaux trouvent peu à manger, et nous en perdons quelques-uns en route. Malgré cela, la santé est excellente, et nous sommes dans les meilleures dispositions pour aller jusqu'au bout, sauf incident.

» Depuis Hassi Inifel,... nous sommes chez les Oulad Bahamou, tribu arabe dont le centre est à Insalah... »

Le lieutenant-colonel raconte ensuite que cette tribu

voit le passage de la mission sans animosité, pourvu qu'elle ne pénètre pas dans ses ksour; qu'il est en bonnes relations avec les gens des Zoua comme avec ceux d'Insalah, et qu'il compte sur un passage facile.

« Suivant moi, dit-il, le seul moyen de réussir à Insalah, c'est d'y aller en mission officielle, suivant à peu près notre itinéraire actuel, ou un autre, par l'Oued Mia, soit au départ d'Ouarglâ, soit à celui d'El Goleah, avec une organisation dans le genre de la mienne, assez forte pour avoir sa liberté d'allures, sans paraître une expédition militaire destinée à conquérir le pays; mais le nom de la France derrière et parlant haut. »

Il est persuadé qu'en allant droit à Insalah, sans passer par le Gourara et le Touât, on sera bien reçu, et que les autres oasis agiront de même. Quant aux Oulad Sidi Cheikh réfugiés au Maroc, il les croit affaiblis et réduits au métier de maraudeurs.

C'était, on le voit, plein de confiance, que le chef de la mission continuait le 28 décembre, sa route vers Mesegguem.

Après avoir franchi une série de ravins accidentés qui forment les têtes de l'Oued Insokki ou de l'Oued Msied, il atteignit le *medjebed* « sentier » d'Ilgou, ainsi nommé du nom d'un cheikh des Zenata, qui fut massacré, à une époque reculée. La caravane eut ensuite à remonter dans l'Oued Aghrid et gagna bientôt la ligne de partage des eaux du Mader, c'est-à-dire la tête des oueds, qui, parallèlement à l'Oued Msied, vont se perdre au nord-est dans la dune.

Le Mader, d'après le journal de route, porte le nom général de Tigmi, d'où l'on avait antérieurement conclu à un oued Tigmi, qui n'existe pas. Cette région est formée par la pente nord du plateau de Tademaït, depuis l'Oued Msied au nord jusqu'à Mesegguem au sud. C'est un réseau de ravins (*oudian*) qui se réunissent deux à deux, trois à trois, pour former des oueds. Il n'y en aurait pas moins de 21, entre les deux points indiqués, savoir: l'Oued Msied d'abord, puis les cinq oudians de Tinelkramt, Daiat Nadj, Daiat el Feras, Daiat ben Lekhal, Rokrat ed Diah, l'Oued Tinersal et l'Oued Djairin, presque aussi importants que le Msied.

L'Oued Djokran, le plus considérable, qui occupe le centre du pays de Mader avec de nombreuses têtes, qui sont les trois oudians Adjerem, et les deux Tisnaiat ; l'*oudei* « petit oued » Eibadi, Oued el Ghelga, Oued Itlou, Oued el Hassani, Oued Imgharghar, Oudian Sebat, Oudian Alem, Oued Souf assez important, Oued Alenda, Oued Aoulouggui, qu'il faut distinguer d'un affluent de droite de l'Oued Mia qui porte le même nom. Cet Oued Aoulouggui marque l'extrémité sud du pays de Mader et s'arrête en réalité aux sables de Mesegguem.

En continuant sa route, la caravane gagna ensuite l'Oued ou Chabet Tisnaïa, atteignit l'Aoulouggui le 30 décembre, et en suivant sa direction, passa au Chabet Zahra, point de croisement du sentier d'Insalah à Ghadamès. Là, elle releva les points de campement de la route ordinaire qui relie ces deux villes, soit par Aoulouggui, soit par Meseggueum, et en suivant son itinéraire, put rectifier au sujet de l'Oued Massin une erreur géographique analogue à celle de l'Oued Tigmi. L'Oued Massin n'est, paraît-il, que l'ensemble des ravins qui descendent du Coudiat au sud. Leur nombre est considérable et a été relevé avec soin; ils aboutissent à un thalweg principal appelé l'Oued Mentga, qui se dirige d'abord au sud-ouest, puis au sud, et va se perdre dans le reg, un peu avant une mine d'alun qui est à 30 kilomètres environ plus loin, au delà de Tiounghighin.

Le 31 décembre, on était au puits d'Aoulouggui où l'un des guides, Si Mohammed ben Radja, avait vu passer, l'année précédente, une caravane de plus de cinq cents pèlerins du Touât, du Tidikelt, etc., qui se rendaient à la Mecque, par Ghadamès et la Tripolitaine. En suivant la vallée de l'Aoulouggui, on atteignit la limite sud du plateau de Tademaït et enfin le Hassi Meseggnem qui, depuis Inifel, était l'objectif immédiat de l'exploration.

Le puits de Meseggnem était comblé depuis plus de deux ans et son déblaiement exigea un travail aussi long que pénible. Ce n'était pas seulement pour ses ressources en eau, mais encore pour son intérêt géographique, que ce point méritait d'être signalé par la mission.

« La sebkha de Meseggnem, nous dit en effet le journal de route, ne contient pas de sel ; elle se confond avec le reg avoisinant, qui est la tête de celui de l'Oued Massin, quoique la pente de ce dernier ne soit appréciable ni dans un sens, ni dans l'autre. C'est plutôt une cuvette plate où se perd l'Aoulouggui, dont l'embouchure mal définie est marquée par quelques dunes. La ligne de séparation de cette cuvette avec l'Oued Massin est indéterminée. Au nord elle est limitée par la pente sud du Tademaït, au sud et au sud-ouest par celles du Tinghert. Le Tinghert et le Tademaït se rapprochent à l'est-nord-est, tout en s'abaissant sensiblement. La pointe au coin sud-ouest de l'oudje s'avance entre les deux et le reg de Meseggnem rétréci, se continue par le medjebed « sentier » d'El Biodh, Insalah, Ghadamès, ayant à gauche l'oudje de l'Erg. »

Pendant le séjour à Meseggnem, la mission fut croisée par une caravane des Oulad Bahamra, qui revenait de Ghadamès et avec laquelle elle eut d'excellents rapports.

Elle en retira des renseignements commerciaux et politiques qui avaient pour elle une valeur réelle. Ces Oulad Bahamra avaient été, deux mois auparavant, porter des plumes d'autruche, de la poudre d'or, du henné, des dattes, quelques tapis et des cotonnades du Soudan, enfin des esclaves nègres, à Ghadamès. En échange, ils apportaient des cotonnades européennes venues par Tripoli, un peu de quincaillerie, de sucre, du thé, le tout, à peu près, destiné au Soudan[1]. Ils avaient trente chameaux dont 20 chargés.

1. Il est curieux de remarquer la voie que suivent ces marchandises européennes pour pénétrer dans le Soudan.

Dix hommes la conduisaient, sous le commandement du chérif Mouley Ahmed, parent d'El Hadj Abdelkader ben Badjouda, cheikh d'Insalah. Il avait à son compte un tiers des marchandises; le reste appartenait au marchand de Ghadamès, Mohamed ben Zeid, qui l'accompagnait.

Ils parurent frappés des avantages qu'ils pourraient retirer de relations plus suivies avec l'Algérie et laissèrent entendre que les Oulad Bahamou seraient plus disposés qu'on ne le croyait à se mettre en rapport avec les Français. Cependant le commerce d'Insalah et le genre de ses relations permettent d'émettre un doute à ce sujet. La richesse de cette ville a pour principale source le commerce de transit du Soudan au littoral méditerranéen et réciproquement; mais ses bénéfices les plus assurés viennent du trafic des esclaves. Tous les ans, deux caravanes vont au Soudan, par Akabli et le Tanezrouft; elles se séparent chez les Aoulimmiden, l'une, allant par l'Adrar au Haoussa, l'autre, se réunissant à la grande caravane du Maroc, qui va à Timbouktou. Des gens de Ghadamès se joignent à ceux d'Insalah, pour aller au Soudan occidental; outre les marchandises courantes dont ils font l'échange, ils emmènent surtout des esclaves, et il faut compter que dans la pacotille de retour, les objets de commerce sont, par rapport aux esclaves, dans la proportion de un à quatre. Ces derniers s'écoulent dans le Maroc et dans la Tripolitaine, où les marchandises du Soudan elles-mêmes trouvent un débit plus facile qu'en Algérie, parce que les frais de douane, d'entrepôt et de marché, sont plus simples et moins élevés que sur nos territoires. D'autre part, les marchandises européennes y sont apportées en abondance par le commerce anglais.

On ne voit donc pas quel avantage les marchands d'Insalah pourraient retirer d'un courant commercial vers l'Algérie, où la traite est prohibée. Il ne faut pas chercher ailleurs la raison de l'abandon relatif des routes commerciales du Sahara algérien; et la Chambre de Commerce d'Alger n'aurait trouvé d'autre remède à cette situation que dans l'admission des engagements de nègres dans des conditions analogues à celles des coulies chinois. La question, on le voit, est loin d'être résolue, et le séjour de la mission à Mesegguem ne pouvait que constater une fois de plus l'état des choses.

La mission s'aperçut à Mesegguem que ses chameaux fatigués réclamaient du repos. On y resta donc 6 jours, depuis le 1er janvier de cette année jusqu'au 7, profitant de cette halte pour mettre les notes au courant, expédier un courrier et étudier l'état de la contrée. Celui-ci n'était pas également favorable partout, et dans sa lettre au Ministre, le lieutenant-colonel dut lui rendre compte de l'obligation que l'aridité de la plaine d'Adjemor lui imposait, de se détourner vers le sud-est, pour atteindre Tiounkinin, par le Tinghert, l'Iraouen et l'Ifetassen. Aussi ne comptait-il pas alors être sur l'Oued Gharis avant une dizaine de jours, où il espérait rencontrer Ahitaghen, le chef des Hoggar.

Il envoya à cette époque à madame Flatters, des détails qui sont la répétition de ceux du journal de route, avec un abandon plus intime, qui leur restitue souvent leur vraie couleur locale.

« Mesegguem, lui dit-il, est un puits dans une immense plaine, au débouché de la montagne de Tademaït, que nous avons complètement explorée. Nous sommes ici à 120 kilomètres sud-est de Hassi Insokki, et à 670 kilomètres d'Ouarglâ, par 2 degrés de longitude est, et 28 degrés de latitude nord; nous coupons l'itinéraire suivi par Rohlfs en 1864, et nous nous retrouvons en pays inexploré, comme depuis Ouarglâ... Hassi Mesegguem n'est à personne; c'est le grand chemin, et si on établissait des limites fixes, il tomberait en partage aux Touâreg. Triste pays en tout cas ! désert de roches ou de sables; végétation à chameaux, c'est-à-dire, çà et là, dans des semblants de vallée, plantes plus ou moins ligneuses que broutent ces animaux. Les points d'eau sont éloignés de 4 à 5 jours, et encore faut-il parfois creuser soi-même des puits de plusieurs mètres de profondeur, pour arriver à faire boire et à faire une provision d'eau qui conduira au puits suivant... »

M. l'ingénieur en chef Fournié reçut aussi de Meseggueın une lettre détaillée, dans laquelle le chef de la mission, après avoir expliqué le peu de praticabilité de l'Oued Mia, ajouta : « Comme d'autre part la route directe de Goléah à Insalah est dans le même genre; comme l'Oued Saoura est, à n'en pas douter, encombré de sables, au moins entre Kerjaz et la hauteur de Tamentit, sinon plus haut encore, il ne reste en voie facile que celle de Goleah, par les Ksour du Gourara, de l'Aouguerout, du Touât, qui sont au nombre de plus de 150, et c'est toute une occupation à faire...... » « La carte de M. Duveyrier nous est toujours utile; mais elle comporte des modifications dans la partie que nous venons de voir, et ce n'est pas étonnant, vu la distance à laquelle les renseignements ont été fournis par cheikh Othman. »... Il cite plus loin l'Oued Insokki, comme le principal affluent de l'Oued Mia, qui, « par rapport à la route d'In-salah, serait plus important que l'Oued Mia lui-même[1]. » Enfin, il termine par des considérations déjà reproduites sur les difficultés qui le rejetteront sans doute vers l'est.

Dans une autre lettre écrite par M. Béringer à M. Fournié, nous trouvons une appréciation qui évalue l'altitude de Meseggueın à 365 mètres et celle d'Insalah à 300 mètres.

Quant aux dates de l'itinéraire, aux distances parcourues et aux maigres ressources de la contrée, les notes prises depuis Hassi Inifel, permettent de les résumer comme il suit :

1. Il écrivit aussi de Messeguem à M. l'amiral de La Roncière une lettre qui n'est que le résumé des précédentes.

PARCOURS	NATURE DU SOL	VÉGÉTATION	EAU
Le 19 décembre de Hassi Inifel à Motlag In-sokki, 30 kil..	Nebka, silex, grès rougeâtre, terrains crétacés, dunes de 100m sur la R. G.	Végétation exceptionnellement abondante.	
Le 20, Kef el Ouar, 30 kil........	Nebka reg et fond d'argile, grès quaternaire.	Végétation abondante; bons pâturages.	Traces d'eau de l'année précédente.
Le 21, Oued Tiou-ghi, 32 kil....	Nebka, roches, cailloux roulés, escarpements.	Peu abondante.	L'oued a de 300 à 500m de large; les berges de 30 à 50m de hauteur.
Le 22, Oued Me-groun fraction de l'Oued In-sokki, 28 kil..	Sables et argiles, marnes, roches rouges.	»	Traces et laisses d'eau.
Le 23, Chabet Mer-meha, 30 kil...	Sables et roches ravinées.	»	Un peu d'eau.
Le 24, Oued Agh-rid 28 kil.....	Nebka, roches, réseau de ravins rocheux.	Pâturages assez abondants.	»
Le 25, Hassi In-sokki, 15 kil..	Reg à gros grains, pays montagneux, cailloux roulés.	»	Bonne eau à 20°, puits de 5m50.
Le 26, séjour.			
Le 27, séjour.			
Le 28, Chabet Chieh, 20 kil..	Silex noirs, reg et terrains ravinés.	Végétation abondante.	Sources sans eau.
Le 29, Oued Djolk-ran, 25 kil....	Reg et roches, marnes jaunes.	»	Deux puits, un peu d'eau.
Le 30, Zeribet Ifoghas, 25 kil.	Reg, roches noires pays accidenté.	»	»
Le 31, Hassi Aou-louggui, 15 kil.	Reg et nebka, silex noirs.	»	Plusieurs puits, un peu d'eau à 15°.
Le 1er janv. 1881, Hassi Meseg-guem, 20 kil..	»	Pâturages très abondants.	Puits comblé de 9m50 de profondeur, eau médiocre et abondante.

Ces renseignements, tirés presque tous d'une note géologique de M. l'ingénieur Roche, sont complétés par ses indications topographiques qui corroborent celles du chef de la mission, et nous donnent des descriptions exactes de la forme des vallées et de leurs berges; elles nous représentent aussi le plateau de Tademaït comme un terrain déchiqueté, raviné, terminé par des escarpements de 40 à 50 mètres devant la plaine de Meseggeum. Celle-ci est couverte de reg; elle a 15 kilomètres de largeur environ et se trouve comprise entre les escarpements des plateaux de Tademaït et de Tinghert. C'est au milieu de cette plaine que se trouve le puits, dans un bas-fond gypseux en forme de sebkha.

CAMPEMENTS	LONG. E.	LAT. N.	Température	Baromètre	ALTITUDE	OBSERVATIONS
Metlag Insokki.....	1° 20'	29° 35'	+ 16°	730,5		N.
Kef el Ouar........	1° 25'	29° 30'	+ 18,7	738,5		Beau temps. N.-E.
Oued Tioughi......	1° 30'	29° 15'	+ 16	738,5		»
Oued Megroun.....	1° 25'	29°	+ 18,8	734,3		»
Chabet Mermoha...	1° 20'	28° 45'	+ 18,1	731,3		Beau. N.-O.
Oued Aghrid......	1° 15'	28° 35'	+ 17	728		» N.-E.
Hassi Insokki......	1° 00'	28° 30'	+ 17.8	724	450m [1] (d'ap. l'hypsomètre).	N.-E.
Chabet Chich......	1° 20'	28° 25'	+ 22,3	710.4		N.-N.-E.
Oued Djokran......	1° 35'	28° 25'	+ 20,8	720,7		»
Zeribet Ifoghas....	1° 50'	28° 25'	+ 20,9	723		»
Hassi Aoulouggui..	2° 5'	28° 25'	+ 16,0	724,8		Beau temps. E.-N.-E.
Hassi Meseggeum..	2° 11'	28° 15'	+ 19,5	730.8	418m [2] (d'ap. l'hypsomètre).	N.-N.E.

1. 465 mètres d'après les chiffres de l'itinéraire. Le fond de l'Oued Insokki, à côté du puits, a été coté sur l'itinéraire : 415 mètres.

2. 365 mètres d'après l'itinéraire.

« En résumé, dit M. Roche, la contrée, depuis Inifel, est formée par un plateau crétacé, légèrement incliné vers le nord-nord-est, c'est-à-dire vers le centre de la grande cuvette dont l'Oued Rhir et Ouarglâ représentent le fond. Ce plateau ou hamada est très déchiqueté et raviné par des oueds dirigés aussi à peu près vers le nord-nord-est. La hamada est absolument nue, stérile et sans eau. Les oueds présentent un peu de végétation; mais ils ne renferment de l'eau qu'accidentellement, soit dans des ghedirs, pendant un certain temps après les pluies, soit dans des cuvettes souterraines, au milieu des sables d'alluvions des vallées, comme à Hassi Insokki, Tilmes Cedrat et Hassi Aoulouggui. »

Enfin, un extrait du registre des observations de M. l'ingénieur Béringer, achèvera de nous donner sur le pays parcouru, des notions désormais précises, que nous résumons dans le tableau ci-dessus.

XI

De Meseggueм a Amguid

Oued Haddja. — Plateau de Tinghert. — Oued el Hadjadj. — Rencontre de Sliman el Hartanin. — Envoi de deux guides en avant. — Khangat el Hdid. — Oued Botha. — Routes d'Insalah. — Massif de l'Iraouen. — Arrivée sur l'Igharghar. — L'Oued Gharis et le Kheneg. — Oued Tahohaït. — Arrivée à Amguid. — Graves sujets de préoccupation. — Résumé des observations.

Après Mesegguem, une marche de treize jours conduisit les membres de la mission à Amhuid, qui fut aussi pour eux un point d'arrêt important, peut-être le plus important, car il décida de la nouvelle direction à suivre, celle où ils devaient trouver une mort inattendue et terrible.

On quitta Mesegguem le 7 janvier 1881. Bêtes et gens étaient reposés; chacun avait repris une nouvelle ardeur pour la continuation du voyage. Cependant le chef de l'entreprise et ses collaborateurs se rendirent compte qu'ils étaient déjà forcés d'obéir aux exigences que ce pays désolé impose aux voyageurs, en leur refusant sur certains points, un des éléments les plus nécessaires à la vie, l'eau. C'est ainsi que l'aridité absolue de la plaine d'Adjemor leur fermait la direction du sud et les forçait à marcher au sud-est vers Tiounkinin, appelé aussi Drâ ou Khangat el Hdid. Nous verrons du reste des circonstances analogues se reproduire plus tard.

Bref, le 7 janvier, la caravane se déploya de nouveau dans le ghedir d'embouchure de l'Aoulouggui, pour gagner l'Oued Haddja, affluent de la Sebkha de Mesegguem, qu'elle devait remonter jusqu'à son origine. Le même jour, elle parvint au pied des gour du Tinghert et continuant à suivre l'Oued Haddja, rencontra à Argoub es Séniat, un passage difficile où il fallut s'avancer un par un. Au delà, elle atteignit le sommet du Tinghert, dont le journal de route nous décrit ainsi la topographie :

« L'ensemble du système ne constitue pas à vrai dire un plateau continu; le nom de Tinghert lui-même, n'est réellement appliqué qu'à la chaîne sur laquelle nous sommes, bien qu'on l'étende quelquefois à toute la région, jusqu'au delà de l'Igharghar. Ce sont des chaînes de gour épaissies à leurs deux extrémités et séparant des vallées de reg, qui vont au versant sud. Ces vallées larges et plates dans leur partie moyenne, ont pour tête des ravins, formés par les épaississements des chaînes de gour et elles débouchent entre les épaississements nord. »

Elles présentent néanmoins des passages praticables qui sont utilisés pour mettre en communication les plaines de l'Igharghar et d'Adjemor.

En suivant son itinéraire, la caravane releva la Daïa ben Abbou, déjà signalée par M. Duveyrier, et en ce moment à sec, gagna l'Oued el Hadjadj, qu'elle commença à descendre le 9, en passant près du sentier qui relie Timassinine à Insalah. Dans cette partie, l'Oued Hadjadj a ses deux rives nettement accusées par un ressaut de reg, au-dessus duquel s'élèvent des gour qui s'agglomèrent en chaînes de plus en plus compactes. En sorte que l'ensemble de la vallée, oued et affluents, paraît comme un reg parsemé de gour ; ce qui la différencie nettement de la vallée de l'Oued ben Abbou qui est sensiblement plus étalée.

La caravane atteignit ensuite l'Oued Oglat Hamian, affluent de l'Oued Hadjadj qui vient du sud, et dont le lit renfermait une végétation abondante. La contrée, souvent visitée par des coupeurs de route, a une mauvaise réputation et l'on y voyait encore les tombes de quinze pèlerins assassinés par les Chambâs, il y a plusieurs années. L'Oued el Hadjadj coule, paraît-il, en moyenne tous les trois ans pendant 4 ou 5 jours sur une étendue de 7 à 8 kilomètres, le plus souvent en automne ou en hiver. Dans son bassin, c'est le vent du sud qui amène ordinairement la pluie; le vent d'est, le sable; celui du nord, le froid; et celui du sud-ouest ou de l'ouest, appelé *Chiheli*, la chaleur; c'est le sirocco. D'après les indigènes, une année ne se passe guère sans pluie. Le fait est assez rare pour être signalé.

C'est au Hassi Oued el Hadjadj, qu'on rencontra une connaissance du premier voyage, Sliman el Hartani, le gardien de la zaouia de Timassinine, qui revenait d'Insalah avec deux nègres. Là, l'obligation d'abreuver les chameaux exigea une journée de repos; le lieutenant-colonel l'utilisa, en faisant prendre les devants au guide Zoui Mohamed ben Radja et à Jamma des Ifoghas. Ils devaient se rendre à Khangat el Hdid, pour le cas où Cheikh Boudjema et les envoyés d'Ahitaghen attendraient la mission. A ce moment déjà, on prévoyait que le manque d'eau et de pâturages obligerait peut-être la caravane à se rendre directement de l'Iraouen à Amguid.

En attendant, elle commença, le 11, à remonter l'Oued Oglat Hamian, et se rapprochant du point où passe le sentier de Timassinine à Insalah, elle atteignit les escarpements ravinés qui sont à son origine, gagna l'Oudian el Gadem, puis la ligne de séparation de l'Oued Foula et de l'Oued Tilmas el Mra, autre affluent sud-nord de l'Oued Hadjadj, dans lequel elle dut s'engager, pour le quitter le 13, et entrer dans le bassin de l'Oued Malah. Ce dernier est indiqué comme très large; ses extrémités, soit en amont, soit en aval, ne sont pas resserrées par des gour, comme celles de l'Oued ben Abbou et de l'Oued Hadjadj et le passage de son reg d'amont à la plaine d'Adjemor, offre des pentes peu sensibles, sans aucun escarpement. Cette voie a été signalée par la mission, comme étant la plus facile et la plus large, pour aller du flanc de l'erg à l'Adjemor, en passant par El Biodh.

On gagna ensuite Chabet Laroui, affluent de droite de l'Oued Adjerem; on le remonta le 14, en laissant sur la gauche la daïa Talhaiat où se trouve de l'eau, et on aperçut bientôt dans la direction suivie, les sommets du Djebel Iraouen, qui commençaient à se dessiner à l'horizon. On les voyait déjà prendre l'aspect d'une chaîne allant du sud-sud-ouest au nord-nord-est et composée de plusieurs contreforts à peu près parallèles, qui naissaient dans un massif situé au sud-sud-ouest. Une erreur d'un guide retarda un moment la marche, mais n'empêcha pas d'atteindre le gîte indiqué, à l'embouchure de l'Oued Iraouen.

Le lendemain, on remonta son lit à travers une végétation abondante, se rapprochant de l'Oued Sidi Moussa, tête de l'Oued Incla, que la carte de M. Duveyrier indique comme séparation entre l'Iraouen et le Mouydir; on campa dans le haut de sa vallée, où Mohamed ben Radja et Jamma rejoignirent sans avoir trouvé aucune trace.

Khangat el Hdid, d'où ils revenaient, est un défilé de 2 kilomètres de long sur 100 mètres de large, avec des rochers de 200 mètres de hauteur de chaque côté. Il est orienté de l'est-sud-est à l'ouest-nord-ouest. Il contient toujours de l'eau vive, qui court à l'ouest sur toute la longueur, pour se perdre au débouché, dans une dune dite Afgant. A cette dune se trouve la tête du Botha ou Akaraba dont le thalweg se dirige vers l'ouest, coupé par une dune pendant 40 kilomètres environ, bordé par une chaîne du Mouydir à gauche et une de l'Inzaz à droite, et avec un lit relativement étroit. De l'autre côté du khangat, on descend dans le bassin de l'Igharghar, par les têtes de l'Oued Gharis et de l'Oued Taghezal.

Dans ces parages, la mission put relever par renseignements, deux itinéraires du khangat à Insalah : l'un par le Botha, l'autre, par Foggaret et Arab, et le cours du Botha ou Akaraba, qui se dirige vers le Tanjzerouft. Vers son embouchure, le chef de la mission a signalé, comme une erreur probable, la désignation des marais d'Ezziza, qu'on aurait confondu avec Inzizè, point beaucoup plus au sud-est, vers l'Oued Tighidjert. Le journal de route nous indique encore au Khangat el Hdid, deux itinéraires intéressants, l'un d'Insalah au Hoggar, par le Khangat, et l'autre, plus direct, réunissant les deux mêmes contrées par l'Oued Botha, jusqu'à Mekam Sidi el Bekri (des Ifoghas, père de Cheikh Othman).

Le 16 janvier, nous trouvons la caravane remontant l'Oued Iraouen et un de ses affluents de droite, jusqu'aux premiers contreforts de l'Iraouen, où l'on put se rendre un compte plus exact de la topographie de ce massif montagneux. D'après la description de nos voyageurs, il comprend trois chaînes à peu près parallèles : celle du nord peu compacte avec un intervalle assez large, qui est le lit principal de l'oued du même nom ; celle du milieu, à travers laquelle passe l'Oued Adjelman Arghem ; celle du sud, que la mission dut longer, en remontant l'Oued Adjelman. Les deux chaînes entre lesquelles elle eut à cheminer, sont assez rapprochées et s'élèvent jusqu'à 180 mètres et 200 mètres au-dessus du fond de la vallée. Au nord-est, on voit les chaînes finir et la vallée rejoindre insensiblement l'Igharghar.

C'est en les traversant que la caravane arriva au puits, alors desséché, de Tilmas Fersig, constata qu'une ligne nord-est de 120 kilomètres, le met en communication avec Tanelagh, par l'extrémité nord de l'Iraouen et l'Igharghar, et qu'une caravane d'Ifoghas revenant d'Insalah, venait justement de passer par ce point.

En continuant sa route, la mission parvint dans une région pierreuse d'accès difficile, où se trouvait une *sabba* (« cascade ») formée par un cirque de rochers et où elle put goûter dans des rhedirs une eau excellente; elle atteignit ensuite la tête de l'Oued Adjelmam Arghem et déboucha bientôt, le 17 janvier, sur l'Igharghar. Le Djebel Iraouen était franchi, le reg s'étendait de nouveau sous les yeux des explorateurs, jusqu'à Amguid, qu'ils voyaient former un cap sur la rive droite de l'oued.

Les détails que contient le journal de route sur la région de l'Igharghar où la mission débouchait, donnent une idée très nette de sa topographie.

« Notre chaîne de l'Iraouen, dit le colonel, continue en bordure gauche de l'Igharghar, à notre droite, limitée à environ 5 kilomètres par l'Oued Taghezal, qui vient de Khangat el Hdid, et qui, avec l'Oued Sidi Moussa, marque séparation avec le Mouydir. On voit les chaînes du Mouydir continuer l'Iraouen à l'ouest, avec plusieurs caps au sud et entre autres, à l'horizon de ce côté, un cap double issu du Khangat el Hdid. Les têtes de ce cap sont séparées par un col très bas où débouche l'Oued Gharis, qui nous arrive par le travers, dans la plaine de l'Igharghar. L'Oued Gharis va joindre l'Igharghar à notre est, en un point dit Kheneg, qui est un resserrement sensible de l'oued, passage d'environ 2000 mètres de largeur, à fond de reg plat. Dans le kheneg, en deçà et au delà, l'Igharghar forme plaine de reg, comme celle que nous avons vue au premier voyage. La plaine en deçà, par rapport à nous, est appelée indistinctement Amguid, Gharis ou Igharghar. L'Oued Igharghar proprement dit, qui a ici un lit distinct marqué par de la végétation, court sud-nord, au pied des roches élevées du

Tasili des Azdjer. Le point d'eau d'Amguid est au sud, au pied de ces mêmes roches, formant cap au nord. Des dunes en chaîne très haute à notre droite, plus basses en avant et à gauche, courent au pied de l'Iraouen, comme une dernière bordure de la rive gauche de la vallée de l'Igharghar. L'Oued Taghezal s'y arrête en débouchant de l'Iraouen à notre droite. »

Au sortir du Khenog on atteignit l'Oued Tahohaït ou Tahihout.

« Toute cette région du Tasili, écrit le chef de mission, s'appelle souvent Tahohaït d'une façon générale ; mais c'est en réalité, l'oued dont il vient d'être parlé, avec Iskaouen, Tinhias, etc., auxquels cette dénomination s'applique plus particulièrement. Amguid, qui est un point déterminé, précise plus exactement l'extrémité occidentale du Tasili. »

On était au 18 janvier. Ce jour-là la mission vint camper à Amguid, après avoir longé le Tasili, au pied d'un escarpement formant une muraille à pic de 250 mètres à 300 mètres de hauteur. Elle devait y faire un nouveau séjour de quelque durée, marquant ainsi la seconde grande étape de son nouvel itinéraire. Diverses raisons l'y obligeaient. D'abord Cheikh Boudjema, qui était parti d'Insokki pour aller porter des lettres à Ahitaghen, n'était pas de retour. Aller à sa rencontre d'un côté ou de l'autre, c'était risquer de le manquer, d'autant plus que les guides disaient ne plus connaître les directions du Hoggar ou du Haut Igharghar, vers Idelès et Amadghôr. Le lieutenant-colonel prit donc la résolution de rester cinq jours à Amguid, délai nécessaire pour retrouver Cheikh Boudjema, et de pousser, pendant ce temps, une reconnaissance de deux jours vers le sud.

La direction suivie par la caravane depuis Mesegguem, tout en l'écartant du Sahara central et du sud, pour la rejeter vers l'est, était en résumé la conséquence des faits eux-mêmes. Le désert imposant sa volonté, élevait devant nos vaillants pionniers, cette barrière d'aridité qui depuis tant de siècles a arrêté la civilisation. Il fallait s'incliner; et c'était pour ainsi dire la première déception un peu sensible que l'exploration eût rencontrée.

Le lieutenant-colonel Flatters la sentit vivement, et la lettre à sa femme, datée d'Amguid, nous montre quelles furent, à ce moment, ses préoccupations.

« Je profite, dit-il, du retour d'un indigène avec une caravane de rencontre, pour envoyer un courrier sommaire. Tout a été bien jusqu'ici et nous sommes arrivés au 26e degré de latitude, après avoir fait 1000 kilomètres depuis Ouarglâ. Mais je vais sans doute être obligé de me détourner par l'est et de perdre mon avance au sud direct, pour aller du côté de Rhât, attendu que nous sommes au point extrême de la route connue des guides et qu'en suivant toujours notre direction primitive, nous tombons dans une immense plaine, absolument dépourvue de végétation et d'eau, tout à fait infranchissable pour une caravane. Si j'avais ici des gens du Hoggar, ils pourraient sans doute nous mener par quelque chemin abordable, dans la montagne de bordure à l'ouest; mais mon envoyé aux Hoggar n'est pas revenu; je fais séjour ici pour l'attendre, tout en profitant du séjour pour explorer, en volte rapide, à une soixantaine de kilomètres en avant; et s'il ne revient pas d'ici à 4 jours, ce qui lui donne un délai raisonnable, je prendrai par la montagne à l'est, suivant un chemin plus long, mais connu des gens que nous avons avec nous. Ce sera bien encore une ligne qui n'a jamais été parcourue par aucun Européen, et l'exploration en tirera grand profit. Mais ce n'est pas l'exploration du Hoggar par le massif central, et je considère cela presque comme un échec, en raison de ce que j'avais espéré. Ce ne sera pas dû à l'hostilité des gens, ni au mauvais vouloir de qui que ce soit; nous n'avons eu à nous plaindre de personne, nous n'avons pas soulevé la moindre hostilité. C'est ce chien de pays qui n'est pas abordable par le bout où nous voulions aller. Enfin peut-être notre envoyé arrivera-t-il et aurons-nous par lui le moyen de réparer cela.

» Tout le monde va bien dans la mission, quoique la fatigue soit grande ; mais nous supportons la fatigue. La température monte ; nous avons des journées de 25 et 26 degrés de chaleur ; les nuits ne descendent pas au-dessous de 10 à 12 degrés. Cela nous change de ces jours derniers, où nous avons eu de la gelée blanche le matin. Nous sommes, pour le moment, au pied d'une montagne de rochers énormes, avec une coupure dans laquelle coule un ruisseau, la première eau vive que nous ayons rencontrée dans le Sahara ! il y a des poissons dans le ruisseau ! Il paraît qu'il y a un lac sur la route par l'est[1].

» Je suis très ennuyé du contretemps que nous éprouvons en ce moment ; mais en somme, ce n'est qu'un contretemps ; nous trouverons peut-être un guide qui nous rabattra sur le centre du Hoggar et la lacune sera comblée avec un double détour. En tout cas, nous aboutirons toujours à Rhât, je l'espère, et le tracé du chemin de fer n'en sera pas moins déterminable dans la plaine même qui nous barre ici le passage ; surtout si, comme tout le fait espérer, nous retrouvons l'autre extrémité de cette maudite plaine, après avoir « zigzagué » dans la montagne.... Une double ligne d'exploration est une chance exceptionnelle, et il faut se contenter de ce qui est possible.

» Je pars demain matin en volte de quatre jours, avec les ingénieurs, pour reconnaître une soixantaine de kilomètres au sud et voir si notre envoyé n'apparaît pas à l'horizon. Masson reste au camp à nous attendre ; nous rentrerons dans quatre jours, et nous partirons tous ensemble le lendemain. »

Cette lettre d'un caractère si net, d'une inspiration si franche, nous montre bien la noble ardeur qui animait notre courageux officier et ses amis. En la lisant, on voit

1. Sans doute, le lac Iskaouen.

que ni les difficultés du voyage, ni la désolation de la contrée, ne pouvaient donner accès dans leurs âmes à une pensée de découragement. La vue de l'obstacle semble leur inspirer un mouvement de colère; mais c'est tout; la soif des découvertes les soutient et les pousse en avant quand même.

Dans sa lettre adressée d'Amguid au Ministre des Travaux publics, Flatters exprime les mêmes sentiments, sous une forme moins vive et en y ajoutant, sur les directions du sud, des notions géographiques d'un vif intérêt.

« L'aridité de la plaine immense qui s'étend au sud d'Amguid rend bien difficile, sinon impossible, l'accès direct du massif du Djebel Hoggar, situé au delà, et je pense que nous devrons tourner par le Tasili à l'est, en suivant la ligne des caravanes, Oued Toummourt, Tahohait, etc. Je le regretterai, car cela nous conduira vers les Azdjer et Rhât, et il nous faudra vraisemblablement renoncer tout à fait à l'exploration à l'ouest. Mais c'est la nature même du pays qui nous aura valu ce mécompte, et il n'était pas possible de le prévoir.

» Dans tous les cas, le tracé de la voie transsaharienne que nous recherchons, n'en sera pas moins déterminé, même dans les parties que nous n'avons pas pu parcourir, puisque l'obstacle qui nous force à nous détourner est la plaine de reg, unie et aride, où un chemin de fer peut toujours être établi avec la plus grande facilité. L'entrée du reg d'Amadghôr étant déjà reconnue et son extrémité sud devant l'être bientôt par la reconnaissance du changement de pente des oueds allant au Soudan, si la ligne de faîte est réellement peu sensible comme tout porte à le croire, la question se trouvera résolue.

» Quant au tracé au sud-ouest, en coupant l'Igharghar pour aller, par Timissao, sur le coude du Niger, le reg existe, et uni, à n'en pas douter, jusqu'à Tin Akeli, près de Cheikh Salah. Là, sont quelques gour isolés et des têtes d'oueds en pente au sud-ouest, dans l'Ahenet. Il restera la question de la hauteur de ce faîte de l'Ahenet; mais les caravanes y passent sans difficulté, allant du reg de Cheikh Salah au reg de Tahela Ohat et du Tarhit. Il ne peut donc y avoir grand doute à cet égard. »

Les graves préoccupations qui agitaient à cet instant l'esprit de nos explorateurs devaient bientôt faire place à l'espérance et à une nouvelle foi dans le succès; les détails qui précèdent en ont donné une idée suffisante. Ce qui est certain, c'est qu'elles n'ont pas un instant ralenti leur ardeur au travail.

Les observations recueillies de Meseggeum à Amguid nous permettent en effet de rétablir cette partie de l'itinéraire, d'après des notions aussi exactes que les précédentes. On les trouvera résumées ci-après, en ce qui concerne les ressources et les distances.

D'une façon générale, dans ce trajet du mois de janvier, la caravane avait longé et traversé le plateau de Tinghert, pour se porter au pied de celui du Tasili. D'après les notes géologiques de M. Roche, le premier appartient aux étages turonien et cénomanien; on y rencontre quelques rares fossiles et des couches qui, au lieu d'être horizontales, sont quelquefois ondulées et inclinées. L'eau s'y trouve dans les alluvions des oueds. Dans le Djebel Iraouen, les chaînes de collines sont constituées par des bancs de grès dirigés, comme les vallées, du nord-sud au nord 30° est; celles-ci sont inclinées en outre de 5 à 10 degrés vers l'ouest. Ces grès sont généralement noirs, durs et cassants. Dans le lit de l'Igharghar et du Gharis, M. l'ingénieur Roche a également constaté de nombreux fragments de lave roulés; et plus loin, il nous indique les bords du Tasili ou plateau des Azdjer, comme formés par des bancs de grès quartzeux, durs, parfois inclinés vers l'est, mais le plus souvent horizontaux.

Pour compléter ces indications, il faut citer les observations de M. l'ingénieur Béringer, qui nous donnent les chiffres ci-après :

PARCOURS.	NATURE DU SOL.	VÉGÉTATION.	EAU.
Le 7 janvier 1881, Oued Haddja, 33 kil.	Reg et sebkha.	Abondante.	
8 — Oued el Hadjadj, 30 kil.	Reg et escarpements, silex taillés.	Abondante.	
9 — Oued el Hadjadj, 20 kil.	Id. agglomérations de gour.	Abondante.	Puits de 2m,50 étroit, eau peu abondante, à 18°,5.
10 — Séjour.			
11 — Oglat el Hamian.	Reg, gour, silex et calcaires.	Suffisante.	3 puits de 2 mètres.
12 — Tilmas el M'ra, 20 kil.	Reg pierreux.	Très abondante.	2 puits de 2m,50, un peu d'eau bonne à 22°.
13 — Châbet Laroui.	Reg, cailloux roulés.	Assez abondante.	
14 — Daïa d'embouchure de l'Oued Iraouen, 28 kil.	Reg, cailloux roulés.	Abondante, gibier, etc.	
15 — Oued Iraouen, 30 kil.	Reg, puis terrains plats et faciles.	Très abondante.	
16 — Oued Adjelman Arguem, cascade, 32 kil	Rochers et escarpements, reg.	Abondante.	Bonne eau.
17 — Oued Igharghar, 26 kil.	Reg, kheneg à franchir.	Abondante.	
18 — Amguid, 26 kil.	Reg.	Abondante.	Eau vive à 19°, poissons.

CAMPEMENTS.	LONG. E.	LATIT. N.	TEMPÉRATURE.	BAROMÈTRE.	ALTITUDE.	TEMPÉRATURE.	OBSERVATIONS.
			mm.	mm.	m.		
Oued Haddja..............	2° 20′	28°	+ 18.8	728.1		couvert.	Vent de S.-E.
Oued Hadjadj............	2° 30′	28°	+16.1	717.9		id.	— N.-N.-O.
Hassi Hadjadj	2° 35′	28°	+ 20	423.5		beau.	— O.-S.-O.
Oglat el Hamian..........	2° 30′	27° 50′	+ 26.2	722.2		couvert.	— sirocco S.-O.
Tilmas el M'ra	2° 35′	27° 40′	+ 23	721.2		beau.	— du sud.
Chabet Laroui............	2° 40′	27° 30′	+ 27.2	725.0		id.	— id.
Daya Iraouen.............	2° 45′	27° 25′	+ 28.9				
Oued Iraouen	2° 45	27° 10′	+ 28				
Oued Adjelman............	2° 40′	26° 50′	+ 29.5				
Oued Igharghar...........	2° 50′	26° 40′	+ 27.5	716°.5		beau.	— S.-O.
Amguid...................	3°	26° 20′	+ 29.8	712°	597 [1] d'après l'hypsomètre.	beau.	— S.

1. 595 mètres d'après l'itinéraire.

D'Amguid, le chef de la mission écrivit aussi à M. l'ingénieur en chef Fournié, une lettre dans laquelle nous trouvons les appréciations suivantes :

«... L'Igharghar monte ici au sud..... Le reg s'étend indéfiniment sans végétation et sans eau, par la plaine d'Amadghôr à l'est, et par celle de Tinnakourat, à l'ouest, qui va au delà de Chikh Salah. C'est inabordable pour une caravane, et il n'y aurait peut-être moyen de passer, qu'en longeant le Tifideit sur Idelès.

» La volte par Timissao me paraît encore plus problématique; mais la région des cols de Chikh Salah n'existe pas; il y a là un reg immense, quelques gour isolés; les têtes d'eau Tarhit, Bahela, Obrat, etc., sont peu élevées dans l'Ahenet, et les caravanes y passent; il y a donc là des passages faciles...

» Tout le monde va bien; nous sommes tranquilles du côté des indigènes, Touâreg et autres, et rien n'indique que nous ayons quelque chose à redouter de leur part. Il y a assez longtemps que nous sommes dans leur pays, pour qu'ils aient pu essayer de nous jouer quelque tour, vol de chameaux ou autre chose, s'ils nous étaient hostiles; et rien de tout cela n'a eu lieu. Ahitaghen s'abstiendra peut-être, circonvenu par les gens d'Insalah, avec lesquels il a passé quelque temps dernièrement; mais en somme, il paraît s'en tenir à la parole donnée de ne pas s'opposer à notre passage sur son territoire, puisque nous sommes chez lui depuis environ 10 jours. Il est vrai que j'aimerais mieux le voir me donner signe de vie, avec Cheikh Boudjema, que je lui ai envoyé..... »

XII

D'AMGUID A INRHELMAN TIKHSIN

Reconnaissance dans le sud d'Amguid. — Plateau de Tasili. — Routes du sud-ouest. — Oued Tedjert. — Ighellachem. — Retour de Cheikh Boudjema. — Bonnes nouvelles d'Ahitaghen et du sud. — Région de l'Éguéré. — Puits de Tikhsin Tilmas. — Arrivée à Inrhelman Tikhsin. — Dernières lettres des explorateurs. — Observations. — Note géologique de M. Roche. — Fin de l'exploration. — Massacre de la mission. — Conclusion.

Il nous faut aborder maintenant le récit de la dernière étape de nos infortunés voyageurs.

A Amguid, nous les voyons aux prises avec l'anxiété et l'incertitude. Le lieutenant-colonel semble s'irriter des obstacles que la nature et les hommes peut-être commencent à lui susciter ; la pensée qu'il ne pourra remplir le programme de sa mission devient pour lui un sujet d'inquiétude. Mais toujours résolu, il se décide à se lancer en éclaireur, avec les ingénieurs, sans guides, vers ce sud inconnu qu'il lui tarde de franchir.

Il part le 20 janvier avec MM. Béringer et Roche, emmenant le maréchal des logis Pobéguin avec 5 hommes, et pousse droit au sud ; le capitaine Masson reste au camp, à Amguid, avec le reste de la caravane.

Il longe d'abord le plateau de Tasili, qu'il laisse à gauche et dont il trouve l'extrémité à 20 kilomètres d'Amguid, sous la forme de trois caps élevés de 7 à 800 mètres ; il le voit alors se prolonger vers le sud-sud-est, en une chaine de hautes roches granitiques déchiquetées, et aperçoit à l'horizon, à une distance de 120 kilomètres environ, le mont Oudan, auquel il devait attribuer plus tard, dans une lettre à M. de Lépinay, une altitude de 1500 mètres au-dessus de la plaine d'Igharghar et de 2000 mètres au-dessus du niveau de la mer.

Les indications géographiques que le journal de route renferme sur cette partie de l'exploration sont trop condensées pour pouvoir être résumées. Les voici en entier [1] :

« Sur la berge gauche de l'Oued Igharghar, nous distinguons la remarquable gara de Kamfousa. Au delà de cette berge très facile à franchir, s'étend au sud-ouest un reg immense qui va jusqu'à Tinnakourat, garaisolée non loin de Tin Akeli, un peu au sud de Cheikh Salah et visible du point où nous sommes.

» De Tinnakourat, on va en reg [2], sans accident sensible de terrain : au sud, à la tête de l'Oued Aberzoug; au sud-sud-ouest à la tête de l'Oued Adelès et au sud-ouest, à la tête de l'Oued Tirhedjert.

» Ces trois oueds forment les principaux passages de l'Ahenet, vers le pays de Timissao et du Tanezrouft, au delà du massif du Hoggar. L'Atakor finissant en cap élevé par le Taourirt, et le Taourirt se prolongeant à l'ouest-nord-ouest par la chaîne plus basse de l'Ahenet, ces passages sont faciles et forment comme des coupures de reg dans l'Ahenet. Cependant celui de l'Aberzoug, le plus au sud, longeant presque le pied du Taourirt, est un couloir assez pierreux, d'environ 15 kilomètres de longueur. Celui de l'Oued Adelès est beaucoup plus large et à terrain moins pierreux, en reg; celui de l'Oued Tirhedjert est semblable à l'Oued Adelès, mais sensiblement plus au nord en donnant en plein reg du Tanezrouft. »

Le lendemain, les voyageurs arrivèrent au débouché de la principale branche de l'Oued Tedjert, où se trouvait un ghedir considérable plein d'eau. « C'est ici, dit le chef de la mission, qu'il faut placer Ighellachen, c'est-à-dire un des *aguellach* ou élargissement d'oued avec végétation, qui se trouvent en nombre considérable de ce côté, sans que rien de remarquable les distingue à première vue. » Le point qu'indique ainsi le lieutenant-colonel se trouverait à environ 60 kilomètres au sud d'Amguid.

1. Le lieutenant-colonel était alors à 20 kilomètres environ au sud d'Amguid.
2. Le mot « reg » doit être pris ici dans le sens de plaine de sable.

Le lendemain 22, on marche directement au sud-ouest sur le Kamfousa, à 10 kilomètres duquel on compte s'arrêter.

« D'ici, écrit le lieutenant-colonel Flatters, à 15 kilomètres d'Ighellachen, on voit parfaitement la vaste entrée plate et unie du reg, rive droite de l'Igharghar, qui donne accès dans la plaine d'Amadghor; le mont Oudan à l'ouest; l'Eguéré ou prolongation rocheuse du Tasili, rive gauche de l'Oued Tedjert, à l'est; au sud-ouest le reg vers Tinnakourat; au nord, à environ 50 kilomètres, le Mouydir, continuant l'Iraouen et allant au sud-ouest; le débouché de l'Oued Gharis, venant de près de Khangat el Hdid, après un cours d'environ 60 kilomètres, tomber par une large ouverture du *coudiat* dans la plaine, pour aller à l'est, vers Kheneg, à l'Igharghar.

» Une autre tête de l'Oued Gharis, dite Elaghen el Ouat, vient du sud-ouest en deçà du Mouydir. Toute cette partie de la carte par renseignements de M. Duveyrier est à modifier, particulièrement au point de vue des distances relatives et de certaines orientations; mais la concordance des renseignements avec l'observation est toujours extrêmement remarquable, tant pour l'ensemble, que pour les détails. »

Ce jour-là, le 22 janvier, en revenant à son camp d'Ighellachen, le chef de la mission eut l'agréable surprise de voir arriver son émissaire Cheikh Boudjema, accompagné d'un Targui nommé Si Mohamed. Ils venaient d'Amguid, d'où le capitaine Masson les avait dirigés sur Ighellachem.

Cheikh Boudjema apportait une lettre d'Ahitaghen qui informait le lieutenant-colonel, qu'étant en route, au retour d'Insalah, pour regagner ses campements, il ne pourrait peut-être pas le voir, mais que lui ayant promis son passage à travers son pays pour aller au Soudan, il tenait parole et lui envoyait des guides. Son beau-frère, le vieux Chikkat ben Hanfou, des Oulad Messaoud, père d'Altissi, le successeur désigné d'Ahitaghen, s'était arrêté à un campement de l'Oued Gharis, à 70 kilomètres environ, pour attendre que Cheikh Boudjema eût retrouvé la mission.

C'était une heureuse nouvelle qui remplit Flatters de joie et le dédommagea amplement, ainsi que ses compagnons, de leurs récentes inquiétudes; elle justifiait, en effet, ses prévisions et couronnait ses efforts. Du reste, ce n'était pas la seule. D'après les guides, grâce à de récentes pluies, la plaine d'Amadghôr n'était pas aussi dépourvue de pâturages qu'on le supposait; on trouvait de l'eau, soit à droite, soit à gauche de la sebkha et au delà; on pouvait d'ailleurs la tourner par l'Oued Tedjert et l'Eguéré, pour trouver une bonne route de caravane. De plus, les guides connaissaient Assiou et le Soudan et se chargeaient d'y conduire la mission directement.

Aussitôt le parti du lieutenant-colonel fut pris. Il envoya un homme à Chikkat et un autre au capitaine Masson, avec ordre d'amener la caravane à Ighellachem, où il resta avec les ingénieurs jusqu'au 26 janvier.

Une lettre de M. l'ingénieur Béringer écrite d'Ighellachen à M. l'ingénieur en chef Fournié, nous peint fidèlement les impressions qui agitèrent à cette époque nos explorateurs.

« Ghedir de la dune, 24 janvier 1881.

» Nous campons par 26° 0′ 45″ de latitude et environ 3 degrés de longitude, dans l'immense plaine des Oued Igharghar et Tedjert. Depuis plusieurs jours l'aspect du pays a changé; nous sommes dans les granits et dans les basaltes qui forment la queue du Tasili et de l'Iftesen. Dans le lointain se découpe la silhouette du mont Oudan. A droite et à gauche, le reg à perte de vue.

» La situation était fortement tendue il y a peu de jours. Nous étions à Amguid, dans le même dévonien et à la même latitude qu'à Mengkhough; et, comme à Mengkhough, on agitait la question d'un retour, avec cette nuance qu'au printemps dernier, nous avions trop d'indigènes sur le dos et qu'en ce moment, ils nous faisaient absolument défaut.

» Il n'y avait qu'à attendre la réponse d'Ahitaghen. C'est ce qu'on résolut de faire. Pour ne pas rester désœuvrés, et en prévision d'un refus du chef des Hoggar, nous partîmes, Roche et moi, avec le colonel vers le sud, sans guides, afin de voir le plus possible de la plaine d'Amadghôr. Pendant cette volte, la réponse d'Ahitaghen nous arriva. Elle était favorable, et peut se résumer comme il suit : « Vous pouvez passer sans crainte pour vous rendre au Soudan, mais prenez la route la plus directe, car nous ne nous soucions pas de vous voir pénétrer dans nos douars.

» Demain matin, nous partons vers la sebkha, accompagnés par Chikkat, le beau-frère et l'oncle d'Ahitaghen, et par un guide volontaire raccolé en route par l'émissaire que nous avions envoyé à Ahitaghen. Chikkat nous quittera, aussitôt que les deux guides annoncés par Ahitaghen nous auront rejoints.

» La crise est donc heureusement terminée, et j'ai bon espoir que nous arriverons au Soudan ; car une fois à Asiou, il sera plus court de pousser vers le sud que de traverser une nouvelle fois le Sahara.

» Tout le monde va bien.

» Nous continuons notre travail technique comme par le passé, et j'ai commencé aujourd'hui mes tours d'horizon au théodolite, le pays que nous allons traverser s'y prêtant admirablement. »

Le 24 janvier, la caravane avait rejoint ; on la laissa se reposer le 25 à Ighellachen, en attendant Chikkat ben Hanfou, qui arriva le même jour, accompagné de quelques Touâreg Hoggar, et d'indigènes Isakkamaren, qui vinrent vendre des chameaux. Le chef de la mission crut constater que, chez ces Touâreg, le sentiment dominant était la crainte de le voir chercher sa route par le pays des Azdjer, ou vouloir s'écarter de la route directe. Aussi ne fit-il aucune nouvelle demande ; ce qu'il avait obtenu lui semblait suffisant, et il ne crut pas devoir exiger davantage d'une première visite. Il espérait bien d'ailleurs calmer ces défiances au cours du voyage.

Il renvoya les Ifoghas qui l'avaient accompagné depuis l'Algérie et qui avaient compté le conduire vers Ikhenoukhen; à son avis, il était prudent de ménager toujours les excellentes dispositions du chef des Azdjer, afin d'assurer notre influence chez les Touâreg du nord et de préparer les voies pour pénétrer chez ceux du sud. En conséquence, il lui envoya un cadeau, en lui faisant espérer plus tard sa visite.

Le 26 janvier, il quitta son camp avec ses nouveaux guides, et s'avança d'abord à travers l'Eguéré, par l'Oued Tedjert, entre d'énormes roches de 5 à 600 mètres de haut; il atteignit le même jour le pied du Boughedegh et décrit ainsi, le lendemain, le pays où il se trouve, dans l'Eguéré.

« A notre droite, dit-il, de hautes roches bordent l'Eguéré à l'ouest et forment la chaîne que nous avons vue de l'autre coté, par l'Igharghar. Le Tasili va à l'est-sud-est. L'Oued Tihoudai, qui vient de Todidié, forme dépression mêlée de gour déchiquetés et de dunes au pied du Tasili et doit être considéré comme une des têtes de l'Oued Tedjert. L'autre tête, l'Oued Tedjert proprement dit, tourne au sud-est pour aller plus haut, par le sud et le sud-ouest, aboutir à Amadghôr en passant derrière les hautes roches du Tinbelghen que nous avons devant nous, et en deçà desquelles court un affluent important, l'Oued Alouhad, que nous devons suivre. »

Dans la même journée, la caravane aperçut le pic de Tahohaït, puis le coudiat dit Chah et le pic de Toufrigh qui avait, à distance, les contours de l'Oudan. A deux heures, on campait dans un affluent du Tedjert, l'oued Ahadjéri, qu'on dut remonter le 28, pour gagner de nouveau l'oued Tedjert et le suivre vers le sud, dans un pays où les gour offraient à l'œil du voyageur, des amas de basalte et de laves, produits d'éruptions volcaniques qu'on rencontrait à chaque pas.

On parvint ainsi au puits de Tikhsin Tilmas, où affluent plusieurs ravins, entre autres le Mereggala; on remonta en suite de nouveau l'Oued Alouhai, et l'on vint camper le 20 janvier au lieu dit Inzelman « eau sous le sable » Tikhsin.

« Nous sommes ici, dit le journal de route, au sud de l'Eguéré, près du débouché de l'Oued Tedjert, dans la plaine d'Amadghôr. C'est le chemin des caravanes, et il est assez facile. Ceux de l'Ahenet pour aller au sud-ouest par l'Oued Adelès à Salah et Timissao, ou par l'Oued Aberzoug ou Tarhit, sont un peu plus difficiles, d'après ce que disent les gens qui les ont vus... Il est certain qu'il n'y a aucune comparaison à établir avec l'entrée de l'Amadghôr, par le reg plat et uni de l'Igharghar et de sa rive au delà de la chaîne du Toufrigh que nous avons ici à notre droite. »

Du camp d'Inrhelman Tikhsin, le chef de la mission put adresser en France, par des cavaliers d'Ouarglâ qui l'avaient rejoint à Amguid et qu'il avait emmenés avec lui, les derniers documents concernant sa mission. « J'ai pu me mettre en route, écrit-il alors au Ministre des Travaux publics, sans me détourner, en continuant à remonter l'Igharghar, pour aller passer par la Sebkha d'Amadghôr et aboutir directement à Asiou. Je compte atteindre ce dernier point dans vingt-cinq jours, sauf incident.

A la même date, il écrit à M. l'ingénieur en chef Fournié :

« Mon cher directeur,

» Mon envoyé est revenu avec des guides et un laissez-passer d'Ahitaghen, sur la ligne directe du Soudan; le 22, nous avons pu prendre au droit sud, sur Amadghôr et Asiou. C'est, sauf incident ultérieur, la réalisation du programme de l'exploration de M. le Ministre et de la Commission.

» Je crois que nous tenons un succès. Il ne me paraît guère douteux que nous arrivions à Asiou et de là je ne désespère pas d'aller au Haousa. Mais il ne faut pas se dissimuler que si nous franchissons le Hoggar, si nous y sommes bien reçus, le moment ne paraît pas encore venu de faire autre chose que de passer, sans s'arrêter à circuler à droite et à gauche. Il y a des défiances sur nos intentions ultérieures; on comprend que nous allions au Soudan; on se défie de l'enthousiasme des Azdjer à nous accueillir et on nous ouvre le chemin, mais on ne nous invite pas à nous arrêter. Ahitaghen n'avait pas promis et ne pouvait pas promettre autre chose. Il tient sa promesse; c'est tout ce qu'on peut lui demander. Il en sera probablement de même plus loin, si on nous accueille bien; et nous pourrions, d'Asiou à Agadès, être obligés de suivre la route de Barth. Ce sera dommage, puisque jusqu'ici nous avons suivi une ligne que jamais Européen n'a suivie; mais on fait ce qu'on peut, surtout en exploration scientifique. »

On voit que dans l'âme de nos explorateurs, l'inquiétude a fait place à la joie, à la fierté qu'inspire le devoir accompli, au bonheur d'avoir à peu près atteint le but indiqué et enfin à une nouvelle foi dans le succès.

« C'est un important résultat que celui que nous avons obtenu, écrit le colonel à madame Flatters; plus de 1200 kilomètres parcourus depuis Ouarglâ, dans un pays que jamais pied européen n'a foulé; passage chez les Touâreg et voyage en plein pays des Touâreg Hoggar, que jamais on n'avait pu aborder jusqu'ici. A Asiou, nous serons au 21e degré de latitude, les Touâreg Hoggar franchis complètement et les Kel Owi de l'Azben ou Soudan septentrional, entamés. Si les choses continuent à aller bien, nous irons à la mer par Sokoto et l'embouchure du Niger. Si les affaires se gâtent, nous reviendrons par Rhat et nos amis les Azdjer, et même, dans ce dernier cas, on pourrait dire que nous avons obtenu un très important résultat. Les instructions primitives données à la mission par M. de Freycinet n'allaient pas si loin, et nous les aurions remplies à la lettre, sans aller même jusqu'à Asiou. Nous sommes à 80 kilomètres du point extrême qu'elles marquaient; nous y serons dans trois jours. »

Sa lettre à M. Duveyrier, publiée dans le *Bulletin*[1] de la

1. Voy. le *Bulletin* de mars 1881, page 255.

Société de Géographie, exprimait les mêmes pensées, en y ajoutant un rapide résumé du chemin parcouru.

On possède encore, outre les documents officiels, une lettre de M. l'ingénieur Béringer à M. H. Duveyrier, qui n'ajoute rien à ce qui précède et que le *Bulletin*[1] a publiée; puis une lettre fort courte du lieutenant-colonel à M. l'amiral de La Roncière, et enfin une dépêche à peu près officielle et d'une forme plus technique qu'il adressa à M. de Lépinay, secrétaire de la commission supérieure. Celle-ci nous fournit encore quelques indications géographiques.

« C'est un résultat important que d'avoir remonté l'Oued Mia, exploré l'Oudje ouest et le Hamada par Mesegguem, pour rejoindre l'Igharghar à Amguid, voir l'Eguéré, Aghellachen, le reg plat et uni jusqu'à Cheikh Salah, et recueilli des renseignements certains sur le passage des caravanes, par la ligne de faîte à peine sensible de l'Ahenet, et la contre-pente sur In Amedjel, à la pointe du Taourirt et au delà sur le reg de Timassao qui touche au Tanezrouft. L'Ahenet est une chaîne coupée et relativement très basse qui va à l'ouest-nord-ouest. Il y a des passages en reg presque plat. Le massif proprement dit de l'Atakhor s'arrête en cap à pic au Taourirt[2]; au pied du Taourirt passe l'Oued Tarhit qui va à Timassao, venant de près de Cheikh Salah, où il ne se trouve que trois gour isolés au milieu du reg; d'autres gour également isolés et très espacés, visibles d'Aghelachen ou du moins de l'Éguéré (car Aghellachen n'est pas un point fixe), relient le Djebel Oudan aux gour de Cheikh Salah, ou plutôt de Tin Aheli ou de Tinnakourat. »

Plus loin, revenant sur l'Igharghar :

« La plaine de l'Igharghar se continue indéfiniment, du moins à ce que nous avons vu jusqu'ici, à hauteur de Oudan, par le 25e degré de latitude, le massif central du

1. Voir le *Bulletin* de mars 1881, p. 250.
2. Tarerenetz de la carte de M. Duveyrier.

PARCOURS.	NATURE DU SOL.	VÉGÉTATION.	EAU.
20 janvier 1881, Azurarhen 30 kil. La caravane reste à Amguid.	Reg, dunes et escarpements très élevés.	Abondante.	
21 — Ighellachen, 30 kil. La caravane reste à Amguid.	Reg, dunes et escarpements très élevés.	Abondante.	Grand ghedir plein d'eau.
22, 23 — Séjour. 24 — La caravane arrive à Ighellachen et y séjourne le 25.			
26 — Agzel, 30 kil.	Reg et roches escarpées.		Eau.
27 — Ahadjéri, 32 kil.	Terrain difficile et raviné, reg. sur le Hamada.	Végétation suffisante, gommiers.	
28 — Tikhsin, Tilmas, 32 kil.	Reg, laves et basaltes, ravins nombreux.	Abondante.	Eau.
29 — Inrelman, Tikhsin, 8 kil.	Reg, laves et basaltes, ravins nombreux.	Végétation assez maigre.	Eau abondante à $0^m,50$ de profondeur, et à 20°.

Hoggar, Tifidest et Atakhor courant sud, à droite, le Tasili très loin allant à l'est à notre gauche. »

Au milieu des péripéties des dernières journées, le travail des observations scientifiques n'avait pas chômé, et les résultats obtenus peuvent se résumer comme il suit :

Une note géologique de M. Roche complète avantageusement ces indications sommaires.

« Un peu au sud d'Amguid, dit cet ingénieur, la vallée de l'Igharghar se développe sur une largeur d'au moins 50 kilomètres. C'est une vaste plaine de reg (gravier quartzeux) sous lequel apparaît quelquefois un calcaire gréseux quaternaire ou peut-être même post-quaternaire. »

Il signale les escarpements du Tasili, comme appartenant à l'étage dévonien et atteignant, à 20 kilomètres au sud d'Amguid, une altitude de 7 à 800 mètres. Les escarpements du plateau de Mouydir doivent être également classés dans les terrains dévoniens.

Quant au plateau de l'Éguéré, « cette région, nous dit-il, est formée par une série de massifs ou plutôt de chaînes de montagnes, ayant jusqu'à 500 mètres de hauteur, séparées par des vallées souvent assez larges, dirigées environ nord-sud. Des oueds importants les sillonnent, passant quelquefois de l'une à l'autre, entre des gorges étroites. Ainsi l'oued principal, l'Oued Tedjert, après un développement considérable dans une large vallée nord-sud, vient déboucher par une vallée étroite à travers le dernier massif, dans la plaine de l'Igharghar, à 45 kilomètres environ au sud d'Amguid. »

Toute cette région est constituée par du gneiss, avec des bancs de quartz et de calcaire intercalés; les directions des couches sont très variées.

« Le fond de la vallée de l'Oued Alouhai, affluent de l'Oued Tedjert, dit-il plus loin, est occupé sur une longueur de 20 kilomètres et sur une largeur moyenne de 1 à 2 kilomètres par une couche de basalte de 5 à 10 mètres d'épaisseur; il paraît en être de même de certaines vallées voisines. Les oueds se sont creusé leurs lits à travers cette couche de basalte. En quelques points sur les escarpements de l'oued, le basalte se présente en colonnes prismatiques, ayant parfois la forme pentagonale..... La position de ces couches de basalte dans le fond des vallées, montre clairement que l'éruption basaltique a eu lieu à une époque où le Sahara possédait déjà son système orographique et hydrographique actuel. Ces coulées de basalte proviennent naturellement de points situés plus au sud; peut-être aurons-nous l'occasion de les voir. »

Quant aux observations astronomiques, barométriques et météorologiques, nous n'en possédons les résultats que jusqu'au 23 janvier, à 7 heures du matin, c'est-à-dire jusqu'au départ d'Amguid.

Nous savons seulement par les correspondances déjà citées, que M. l'ingénieur Béringer place Ighellachen, le ghedir de la dune, comme il l'appelle, par 26° 0′ 45″ de latitude nord et environ 3 degrés de latitude est. D'autr epart, le post-scriptum de sa lettre du 29 janvier à M. H. Duveyrier nous donne la position d'Inzhelman Tikhsin, par 25° 35′ de latitude nord et 3° 30′ de longitude est, à trois journées de marche de la sebkha d'Amadghôr.

A partir du jour où les documents qui viennent d'être résumés parvinrent en France, le silence se fait sur la mission Flatters; ceux qui la suivaient de loin dans son périlleux voyage, formant des vœux pour son succès, étaient confiants dans un heureux résultat; tout semblait marcher à souhait, et l'on pouvait déjà songer aux conséquences avantageuses qu'entraînerait leur arrivée dans le Soudan, quand tout à coup, le 2 avril, le bruit de leur massacre se répandit dans le public. Vingt malheureux survivants de l'expédition, parvenus à Ouarglâ à travers mille périls, y apportaient la fatale nouvelle qui fut aussitôt transmise à Paris.

Nous ne reviendrons pas sur l'émotion qu'elle produisit, ni sur le retentissement qu'elle eut en France et à l'étranger. Notre collègue M. H. Duveyrier nous a raconté en termes touchants, dans la séance du 22 avril, les péripéties du drame terrible dans lequel le lieutenant-colonel Flatters et les principaux membres de l'exploration ont trouvé la mort. Nous les voyons victimes de la rapacité des Touâreg et de la trahison de ces mêmes guides qu'Ahitaghen leur avait envoyés, périr les armes à la main, vers le 16 février, à 7 ou 8 jours de marche sans doute au nord du pays d'Aïr, dans un ravin perdu du Tin-Tarabin.

A ce moment, des 92 hommes qui formaient la caravane, il n'en reste plus que 63; 29 ont péri dans la surprise de la première attaque. Ceux qui restent, guidés par un jeune et vaillant officier M. le lieutenant de Dianous, qui prend sur-le-champ sa décision, se mettent en retraite sur Ouarglâ, poursuivis par leurs assassins. Les survivants les signalent vers le 10 mars à Amguid, livrant un nouveau combat qui coûte la vie au lieutenant de Dianous, tandis que M. l'ingénieur Santin mourait empoisonné.

Enfin quatre hommes décidés, partis les premiers pour chercher du secours, peuvent atteindre Ouarglâ le 28 mars, où les rejoignirent plus tard seize de leurs compagnons.

Les renseignements qui nous sont parvenus de Médéah, d'Ouarglâ et de Tripoli, sur cette épouvantable catastrophe, ne nous ont malheureusement laissé aucun doute sur sa réalité. Cependant les récits qui nous ont été faits, ont encore des points obscurs; il restera à les éclaircir. A quoi faut-il attribuer cette trahison? Quels sont les auteurs de ce crime abominable? Quelles en sont les véritables causes? C'est ce que nous saurons plus tard. Le dernier mot n'est pas dit sur ce meurtre, et la vérité se fera certainement jour.

Le Gouvernement, du reste, n'a pas perdu un instant pour faire l'enquête nécessaire, et pour se mettre en mesure de prouver, même aux sauvages habitants de ces contrées lointaines, que la France sait, à l'occasion, récompenser et punir. Il nous faut donc attendre qu'on ait pu rapprocher, des informations recueillies au cours d'une expédition conduite par l'agha de Ouarglâ, les renseignements qui sont réunis par les soins de M. le commandant supérieur de Laghouat, de notre consul général à Tripoli et de M. le général commandant la subdivision de Médéah. Mais ici, notre devoir est tout autre; il consiste à montrer les importants résultats, on pourrait presque dire les découvertes que la seconde exploration du colonel Flatters assure dès à présent aux sciences géographiques. Nous les avons exposés dans les pages qui précèdent; il nous reste à les résumer brièvement.

Reconnaissance de la vallée de l'Oued Mia, de ses affluents de droite et de la route des caravanes entre Ouarglâ et Insalah, jusqu'au plateau de Tademaït, constatation des difficultés qu'offre cette direction pour l'établissement d'un chemin de fer; exploration du plateau de Tademaït et d'une partie de la route d'Insalah à Ghadamès; reconnaissance de la vallée du haut Igharghar et de ses affluents, d'Amguid au delà de la sebkha d'Amadghôr; exploration des plateaux riverains de Tasili, de l'Iraouen, du Mouydir et d'Eguéré, reconnaissance par renseignements de l'Oued Botha ou Akaraba jusqu'aux abords du plateau de Tanezrouft, et des routes qui conduisent du haut Igharghar vers Cheikh Salah et Timissao; établissement d'une carte à $\frac{1}{1250000^e}$ de tous les pays traversés, s'étendant par renseignements précis et contrôlés sur les contrées voisines à l'est et à l'ouest et développant nos connaissances géographiques du 32° degré de latitude nord aux abords du 24°. Enfin notions géologiques, hydrologiques, zoologiques, botaniques, etc., des contrées parcourues : telle est la riche moisson que récoltera la science.

Au point de vue politique, il est difficile d'apprécier les résultats pratiques de l'exploration avant de connaître exactement les circonstances qui ont amené le massacre de la mission, et sur les mobiles qui ont fait agir ses meurtriers. Mais les renseignements qu'elle nous a laissés sur les dispositions des ksour du Tidikelt (région d'Insalah), sur celles des Touâreg Azdjer, enfin sur les objets d'échange qui alimentent le commerce des caravanes entre le Soudan d'une part, le Maroc et la Tripolitaine de l'autre, conserveront sans doute toute leur importance.

Tels sont les titres incontestables que nos regrettés explorateurs ont acquis à notre reconnaissance, à celle des membres de la Société de Géographie, à celle du pays tout entier. Aussi la proposition faite par le Gouvernement d'élever à Ouargla un monument commémoratif des travaux de la mission Flatters, sera-t-elle accueillie partout comme un acte d'équité.

Mais après avoir résumé ces précieux documents, après avoir classé ces découvertes et ces observations, après avoir fait connaître au public ces généreux efforts et ces remarquables résultats, après avoir rendu à la mémoire de ces nouvelles victimes de la science, l'hommage qui leur était bien dû, notre devoir, à nous survivants, ne sera pas encore rempli. Flatters, Masson, Béringer, Roche, Guiard, Dianous, Santin ont succombé, il est vrai, dans leur noble entreprise, mais ils n'en ont pas moins soulevé le voile qui cachait à nos yeux la route du Sahara; ils n'en ont pas moins tracé une des voies que la civilisation moderne doit suivre dans son expansion; ils ont montré le chemin à leurs successeurs. Leur mort est un affreux malheur; mais dans la vie des peuples et des hommes, ce n'est après tout qu'un accident; et loin d'arrêter dans son élan une nouvelle tentative, elle ne doit qu'exciter davantage l'ardeur de ceux qui l'entreprendront. Le châtiment même des meurtriers de Flatters nous offrira un jour une nouvelle occasion de marcher au Soudan; nous espérons bien qu'on saura la saisir dans l'intérêt de la France et des progrès de la géographie.

Cette notice serait incomplète si, pour mieux apprécier le mérite de nos infortunés voyageurs, nous ne la faisions suivre d'une courte biographie, qui nous montrera ce qu'ils avaient déjà été avant de se sacrifier pour leur pays.

Les renseignements qui suivent, ont été publiés en grande partie dans le *Monde illustré* du 4 juin dernier, par les soins d'un ami dévoué des principaux chefs de l'exploration, à qui nous devons déjà une grande partie des documents qui nous ont permis de résumer leurs travaux, M. l'ingénieur en chef Fournié. Nous les reproduisons à peu près textuellement.

Le lieutenant-colonel Flatters.

Le lieutenant-colonel Flatters était né à Laval, le 16 septembre 1832. Entré à l'école Saint-Cyr le 7 novembre 1851, il en sortait sous-lieutenant au 26e de ligne le 1er octobre 1853 et partait aussitôt pour la Crimée. Il fut nommé lieutenant au 3e régiment de zouaves le 23 avril 1855 et décoré peu de temps après, pour avoir fait prisonnier un capitaine et deux soldats russes. Il rentra en Algérie avec son régiment en 1856, et obtint peu de temps après d'entrer dans le personnel distingué des officiers détachés aux affaires indigènes. Capitaine le 8 septembre 1861, il fut nommé chef de bataillon au 3e tirailleurs algériens le 22 juillet 1871, officier de la Légion d'honneur en 1875 et lieutenant-colonel le 3 mai 1879. Il fut choisi, en 1876, par M. le général Chanzy, comme le plus digne d'occuper le poste difficile de commandant supérieur de Laghouat, où il sut se faire remarquer et nouer parmi les tribus nomades de notre Sahara algérien d'utiles relations. Il remplissait encore ces fonctions quand il fut délégué par M. le Ministre de la Guerre pour le représenter au sein de la commission supérieure du Transsaharien, où il fit adopter son projet d'exploration du Sahara central. C'est de là qu'il partit comme chef des deux missions sahariennes, pour accomplir les beaux et intéressants voyages que nous venons de résumer.

Flatters était blond, d'une taille un peu au-dessus de la moyenne, d'une constitution robuste et d'un caractère vigoureusement trempé. Sa nature était franche, ouverte, vive et gaie. C'est ainsi du moins que nous l'avons connu, il y a une vingtaine d'années, au 3e régiment de zouaves, où tout le monde l'aimait et l'estimait. Il se passionnait aisément pour toutes les nobles et grandes choses, et c'est avec enthousiasme qu'il avait entrepris de pénétrer jusqu'au Soudan, par les routes sahariennes des caravanes. Dans son noble dévouement pour les intérêts de son pays, il n'a pas hésité un instant à quitter sa femme, son enfant et à se lancer dans l'inconnu. C'était un vaillant cœur, et il suffit de l'avoir approché pour regretter sa fin prématurée.

Le capitaine Masson.

Pierre-René Masson est né à Rambouillet, le 13 décembre 1845. Ayant commencé son éducation dans l'institution Hébert (à Rambouillet), il est passé au lycée de Versailles dans la classe de seconde.

Entré à l'École militaire de Saint-Cyr en octobre 1864, avec le no 21, il en est sorti avec le no 9. Entré à l'École d'état-major le 1er janvier 1867, avec le no 6, il en est sorti lieutenant d'état-major le 1er janvier 1869, avec le no 4.

Il a fait son stage de cavalerie au 10e chasseurs à cheval, à Tarbes, puis à Versailles, d'où il partit au mois de juillet 1870, avec son régiment, pour l'armée du Rhin.

Nommé aide de camp du général de brigade Sanglé-Ferrière, il assista aux batailles de Borny, Gravelotte et Saint-Privat, et aux combats à peu près journaliers que la brigade, qui faisait partie du 3e corps, commandé par le maréchal Lebœuf, livrait sous Metz.

Prisonnier de guerre et revenu de captivité en avril 1871,

il a été nommé, à cette époque, capitaine d'état-major, pour prendre rang du 8 décembre 1870, et aide de camp du général Daguerre, avec lequel il est entré à Paris.

Il a fait son stage d'infanterie au 1er zouaves, à Alger, de septembre 1871 à septembre 1873, son stage d'artillerie au 7e d'artillerie, à Rennes, d'octobre 1873 à octobre 1874. En novembre 1874, il fut attaché à la division du général Osmont, à Oran.

Nommé aide de camp du général Carteret Trécourt, à Constantine, il fut blessé au combat d'El-Amri livré aux Arabes révoltés, et décoré de la Légion d'honneur.

Il suivit le général Carteret à Amiens et c'est là qu'il rencontra le lieutenant-colonel Flatters, qui l'associa à son exploration.

La vie du capitaine Masson, employée tout entière au service de son pays, s'est terminée de la triste façon que l'on sait ; ce brave officier est mort victime de son amour pour la science.

Lors de l'attaque des Touâreg près du pays d'Aïr, le capitaine Masson qui avait mis pied à terre, n'a pu atteindre sa monture. Cerné, il se défendit vaillamment; mais un coup de sabre lui fendit la tête, un deuxième lui coupa les jambes, et le fit tomber sous les coups de ses assassins.

M. Béringer.

Le savant et sympathique ingénieur Béringer, qui vient de disparaître dans le terrible désastre de la mission Flatters, ne devait qu'à lui-même la situation pleine de promesses à laquelle il était parvenu par les seuls efforts de son travail et de sa remarquable intelligence. Né le 19 janvier 1840, à Strasbourg, M. Émile Béringer y fit ses études au gymnase, où il laissa le souvenir de brillants succès, et, dès le 29 septembre 1857, il était nommé, dans cette même ville, agent secondaire de 2e classe des ponts et chaussées.

Tels furent les débuts modestes de cette carrière, qu'il serait sans doute fort intéressant de suivre et d'étudier dans son développement rapide et presque exceptionnel, mais que nous ne pouvons malheureusement qu'esquisser à grands traits. En octobre 1861, le jeune agent est nommé conducteur auxiliaire à Vitry-le-Français, où il fait remarquer ses aptitudes à l'occasion de l'exécution des ouvrages métalliques du canal de la Haute-Marne. Ces ouvrages, plusieurs fois copiés depuis, attirèrent l'attention sur le futur ingénieur, qui, mis, sur sa demande, en congé illimité, entrait, le 3 mai 1866, dans la Compagnie de l'isthme de Suez. Adjoint à M. Laroche, ingénieur en chef de Port-Saïd, il fut attaché aux travaux du port de Port-Saïd et du canal dans la traversée de la Menzaleh. Il mérita d'être proposé, dès cette époque, pour la décoration par M. Ferdinand de Lesseps. Nous le retrouvons en 1869, à sa sortie de Suez, rentré momentanément dans le service des ponts et chaussées pour les études du chemin de fer de Carcassonne à Quillan. Puis la triste guerre de 1870 éclate, la France troublée et meurtrie fait appel à tous les dévouements, et M. Béringer part comme lieutenant de génie auxiliaire au 25e corps. Cette campagne terminée, il entre à la Compagnie des chemins de fer du Midi, où il reste près de quatre années comme sous-chef de bureau du secrétariat de l'ingénieur en chef de la construction. Mais cette vie calme et aux horizons trop limités ne pouvait convenir à une nature aussi active, et il accepte avec empressement, en décembre 1874, d'être attaché à la province de Pernambuco (Brésil) comme ingénieur principal, chef du service topographique. Revenu du Brésil en mai 1877, ce jeune ingénieur, mûri déjà par un travail opiniâtre et une vie accidentée, se révélant tout à coup sous un autre aspect, montra qu'il avait su mettre à profit son voyage pour produire en dehors de ses travaux techniques des documents d'une réelle valeur. Il laisse ainsi un mémoire remarquable intitulé : *Recherches sur le climat et la mortalité du Récife* publié dans l'*Annuaire de la Société météorologique* (1878), et un autre non moins intéressant, mais encore sous presse : *Topographie comparée de la ville et du port du Récife* aux XVIIe et XIXe siècles (*Bulletin de la Société néerlandaise de géographie*) ; enfin une très belle carte, malheureusement inédite, de la province de Pernambuco. Ces œuvres, qui montrent toutes un savoir étendu et un rare esprit d'observation, sont celles d'un véritable savant.

M. Béringer fut ensuite chargé, par la Compagnie du chemin de fer de l'Est, des études et travaux d'une importante section de chemin de fer, à Vittel, où il resta jusqu'au jour de sa nomination d'ingénieur du cadre auxiliaire des travaux de l'État, attaché à la mission transsaharienne du lieutenant-colonel Flatters. Là encore ses travaux furent remarqués, et, au retour de la première mission, partie en janvier 1880, et revenue vers le mois de juin, il fournit au Ministère des Travaux publics de nombreux et importants documents parmi lesquels je citerai un avant-projet de chemin de fer sur 600 kilomètres de longueur, la carte du pays exploré, la détermination de coordonnées géographiques, les observations météorologiques, de nouvelles et intéressantes théories sur le régime des dunes du Sahara. Le 14 juillet dernier, l'ingénieur Béringer devait à ses services exceptionnels d'être promu au grade de chevalier de la Légion d'honneur. En novembre suivant, il repartait avec le colonel Flatters pour continuer l'exploration du désert et tâcher de parvenir au Soudan ; le but allait être atteint, lorsqu'une mort glorieuse est venue briser cette carrière déjà si remplie et si belle d'avenir. Mais ce qui nous fait surtout pleurer la perte de cet infortuné savant, c'est le souvenir de cette personnalité si complète qui joignait aux plus riches dons de l'intelligence les qualités plus rares et plus précieuses encore de l'affection et du dévouement. Ayant beaucoup vu, mais surtout beaucoup observé et possédant une merveilleuse souplesse d'esprit, qui, jointe à des connaissances fort étendues, lui permettait d'aborder les sujets les plus divers, c'était un causeur charmant dont les récits, les théories ou les discussions portaient toujours l'empreinte de sa fine originalité, quand ils ne révélaient pas un esprit d'analyse et une largeur de vues véritablement remarquables.

Nous voudrions pouvoir dire ici comment cette vie, qui paraissait à tous exclusivement consacrée à l'amour de la science, était aussi et plus entièrement encore consacrée à l'amour de la famille et au dévouement. M. Béringer joignait à une énergie peu commune un profond sentiment du devoir et une si grande bonté, qu'elle a été même, dans certains cas, jusqu'à l'abnégation. C'est pourquoi nous pleurons non seulement l'homme de science, mais encore et surtout l'honnête homme, l'homme de bien et de cœur qui a disparu pour toujours du milieu de nous.

Le docteur Guiard.

Fils d'un professeur distingué de l'Université, Guiard (Robert-Nicolas-Jules) était né à Paris le 5 février 1851. Élève du lycée de Tours, il y fit les plus brillantes études.

En 1869, il entrait le septième sur cent dix à l'École de santé militaire de Strasbourg. Il se trouvait dans cette ville, lorsqu'au mois de juillet 1870 elle fut investie par les armées allemandes, et il se dévoua pendant le siège, comme ses jeunes camarades, au traitement des blessés. L'Ecole de santé militaire fut reconstituée après la guerre, à Montpellier d'abord, puis définitivement à Paris, où Guiard soutint, en 1874, sa thèse de docteur.

Peu de temps après il fut attaché comme aide-major de seconde classe à l'hôpital militaire Saint-Martin.

Nommé aide-major de première classe en 1876, il fut envoyé au 87e régiment de ligne, en garnison à Saint-Quentin, où il sut s'attirer l'estime, non seulement de ses chefs hiérarchiques qui lui portaient une affection toute particulière, mais encore de tous les médecins de la ville. Guiard continuait à travailler et envoyait plusieurs mémoires au conseil de santé des armées.

Lorsqu'au mois d'octobre 1879, le lieutenant-colonel Flatters fut chargé par M. de Freycinet de se choisir des collaborateurs pour sa première expédition au pays des Touâreg, Guiard lui fut indiqué comme admirablement préparé par de fortes études à remplir la tâche qui lui serait confiée de médecin et de naturaliste de la mission, en même temps qu'on le lui signalait comme un compagnon énergique et dévoué.

« Voulez-vous venir avec moi à Tombouctou ? » lui télégraphia le colonel.

« Je suis à vos ordres, » répondit Guiard, qui avait eu douze heures pour réfléchir.

Ce fut toute la correspondance échangée entre eux.

On a pu lire dans les pages qui précèdent, l'historique de ce premier voyage, au cours duquel la mission Flatters s'avança jusqu'à 1500 kilomètres au sud d'Alger. Pendant qu'on était redevable à ses collègues d'une carte du pays parcouru, Guiard apportait au Muséum un magnifique herbier et une collection complète d'insectes et de reptiles trouvés dans le désert.

Rentré en France le 15 juin 1880, Guiard repartit le 15 octobre pour ce second voyage, où il devait trouver la plus terrible des morts. Ses dernières lettres sont du 29 janvier. Elles étaient, hélas ! pleines de confiance dans le succès, et il songeait déjà aux joies du retour définitif auprès d'une mère qu'il adorait et qui perdait en lui le plus tendre des fils. A cette même date, la commission des grades le portait au tableau d'avancement pour le grade de médecin-major. Il a eu la consolation de le savoir.

Voici d'après M. le Dr Bonnet, du Muséum, le résumé, d'ailleurs très succinct, des travaux de Guiard dans le Sahara.

L'herbier rapporté par le Dr Guiard, se compose d'environ 130 espèces. Quoiqu'il contienne peu de nouveautés, il offre un vif intérêt, parce qu'il donne une idée nette de la végétation des localités traversées par l'expédition, puis parce qu'il fait connaître d'une façon plus exacte, l'aire de dispersion de certaines plantes peu connues.

La plupart des espèces caractérisent la région désertique, sauf celles qui croissent dans les oasis et dont quelques-unes, commes les *Solanum nigrum*, les *Sonchus oleraceus*, les *Fumaria Bastardi*, *Spergula pentandra*, *Portulaca oleracea*, *Anagallis phœnicea*, etc., sont assez communes sous le climat de Paris.

Parmi les plantes plus spécialement intéressantes, parce qu'elles n'avaient encore été trouvées qu'à de rares intervalles, il convient de citer : *Randonia africana* Coss., *Acacia tortilis Hayne* (gommier), *Schouwia arabica* D. C., *Renda villosa* Coss., *Zygophyllum simplex* L., *Caylosea canescens* S[t]. Hil., *Punicum turgidum*, *Lotus trigoneloïdes* Welb., *Pancratium Saharæ* Coss., etc.

Les plantes usitées dans la thérapeutique indigène sont représentées par les *Salvadora persica* L., *Cassia obovata* Coss., et *Solenostemma Cerghel* Hayn. Cette dernière espèce sert généralement à falsifier le séné.

Les cryptogames ne sont représentées dans la collection du Dr Guiard que par une seule plante, un champignon charnu de la tribu des *Podaxinées*, que M. le Dr Bonnet rapporte avec quelques doutes au *Podaxon ægyptiacus* Mont.

M. Roche[1].

Roche (Jules) est né à Eyguières (Bouches-du-Rhône), le 24 février 1854. Il a fait ses premières études au collège de Tarascon et les a terminées au lycée de Marseille. En 1872,

1. Cette notice biographique est due à M. Rolland, ingénieur des mines, un des amis de M. Roche.

dès sa première année de mathématiques spéciales, il fut reçu à la fois à l'École polytechnique et à l'École normale. Il opta pour l'École polytechnique, d'où il sortit le troisième de sa promotion. Il choisit la carrière des mines. La même année, il passa sa licence ès sciences mathématiques.

Roche visita, comme élève ingénieur des mines, les bassins de la Loire et du Gard, puis l'Italie, l'Autriche et la Hongrie, enfin le sud-ouest de la France, l'Espagne et l'Algérie.

Le 11 avril 1878, Roche fut nommé ingénieur ordinaire de 3e classe, et bientôt après, chargé du service du sous-arrondissement minéralogique de Besançon. Le 16 mai 1879, il fut envoyé à Nice.

Tous ceux qui ont connu Roche ont apprécié sa valeur, son intelligence distinguée, la variété de ses aptitudes, son esprit fin et critique, son sens droit, et, à l'occasion, son activité et sa force de volonté. Tous ont été attirés par sa physionomie sympathique, l'excessive modestie de son caractère, l'aménité et la douceur extrême de sa nature. Ses amis savent quel cœur loyal et dévoué était le sien.

Roche avait le goût des voyages. L'Algérie l'avait séduit, et dès qu'il sut que le Ministre des Travaux publics organisait les missions d'étude du chemin de fer transsaharien, il s'offrit avec ardeur. Le programme était tentant : il s'agissait d'explorer le Sahara et d'en pénétrer les mystères. L'idée était grande : on allait préparer à notre commerce des débouchés nouveaux et ouvrir à notre civilisation l'Afrique occidentale.

Roche fut attaché comme géologue à la mission du lieutenant-colonel Flatters, et s'avança avec lui jusqu'au 26e degré de latitude.

Rentré en France au mois de juin 1880, il rendit compte, dans un rapport au Ministre, de la géologie et de l'hydrologie des régions parcourues. Il a consigné les principaux résultats de ses travaux dans une note à l'Académie des sciences (novembre 1880), et dans un article de la *Revue scientifique* (numéro du 27 novembre 1880)[1].

Il signale « l'existence, au milieu du massif des grandes dunes de sable, au sud de Ouarglâ, entre Aïn Mokhanza et El Beyyodh, d'une large région plane de 250 kilomètres de longueur, recouverte seulement de dunes isolées, parallèles, allongées dans la direction du méridien magnétique, et distantes les unes des autres de plusieurs kilomètres. C'est dans la partie orientale de cette région que se trouve, dirigé aussi nord-sud magnétique, le lit de l'Oued Igharghar, lit sans berges, » etc. Cette découverte est aussi importante au point de vue pratique du chemin de fer transsaharien qu'au point de vue théorique du régime des dunes. Elle prouve qu'on peut aller de Ouarglâ à El Beyyodh sans avoir une seule dune à traverser.

Entre El Beyyodh et Timassinine, Roche a retrouvé les deux étages crétacés que M. l'ingénieur Rolland venait lui-même de constater dans la région d'El Goléa. Ces deux étages forment deux plateaux calcaires successifs, qui couronnent respectivement deux séries d'escarpements marneux et gypseux. L'escarpement inférieur s'est montré fossilifère à Timassinine ainsi qu'auprès d'El Goléa; il est nettement cénomanien.

Bientôt, une seconde exploration fut confiée au lieutenant-colonel Flatters.

Roche n'hésita pas à repartir, plus résolu que jamais, fort de l'expérience acquise et plein de confiance dans le succès. On sait comment une odieuse trahison mit fin à cette nouvelle entreprise. Avec son ami Béringer, Roche fut une des premières victimes. Il tomba vaillamment et nous a laissé le souvenir d'un noble cœur, d'une de ces intelligences d'élite qu'on ne saurait trop regretter. Son nom, tristement célèbre désormais, n'en sera pas moins glorieux

1. Voyez la note, p. 269.

et restera inscrit en caractères ineffaçables dans les annales, déjà si brillantes, du corps des ingénieurs des mines.

M. de Dianous[1].

M. de Dianous de la Perrotine (Joseph-Gabriel-Henri) est né le 23 juillet 1845. Entré au service le 12 juillet 1867, il fut promu sous-lieutenant le 1er septembre 1871, lieutenant le 2 juillet 1874. Il comptait en cette qualité au 14e de ligne; mais, depuis plusieurs années, il était entré dans les affaires indigènes et, en qualité d'adjoint du bureau arabe, il séjourna deux ans à Laghouat. Il y acquit une grande expérience des affaires sahariennes, circonstance qui lui valut le fatal honneur d'être choisi par le lieutenant-colonel Flatters pour faire partie de la mission.

Il était, au moment de son départ, premier adjoint au bureau arabe de Fort-National.

M. de Dianous avait reçu avec une joie d'enfant la nouvelle qu'il était définitivement agréé comme membre de la mission Flatters. « Quels joyeux repas je ferai avec des dattes et du lait de chamelle ! » disait-il en quittant ses amis. Hélas ! c'est aux dattes des Hoggar que la France et l'armée doivent la perte d'un de leurs plus nobles enfants.

Il est inutile de rappeler son courage ; sa mort en a donné la mesure. Tous ceux qui, soit comme administrés, soit comme camarades, ont pu apprécier M. de Dianous, ont admiré en lui des qualités qui ne se rencontrent réunies que dans les natures vraiment exceptionnelles.

D'un caractère doux et bienveillant, il savait se rendre sympathique à tous ceux qui l'approchaient. Ses chefs admiraient en lui l'activité, l'ardeur au travail, l'instruction solide, la fermeté de caractère, la dignité personnelle et les hautes qualités de l'esprit ; ses administrés louaient sans

1. Notice tirée du *Monde illustré* du 23 avril 1881.

réserve sa haute justice et son extrême bienveillance; ses amis aimaient par-dessus tout en lui l'absolue franchise, la grande bonté d'âme et le tact exquis qui le caractérisaient.

Il allait être promu capitaine au premier jour.

L'annonce de sa mort a vivement et douloureusement impressionné, non seulement les Français qui l'ont connu, mais encore les populations indigènes qu'il avait administrées.

Sa mort n'a laissé que des regrets et son nom, désormais célèbre, restera inséparable de celui des braves compagnons qui succombèrent avec lui sous les coups d'un groupe d'assassins.

NOTE SUR LES TRAVAUX GÉOLOGIQUES DE M. L'INGÉNIEUR DES MINES ROCHE

Au retour de la première mission du lieutenant-colonel Flatters, M. Roche communiqua à l'Académie des sciences un aperçu sur la géologie du Sahara septentrional, où nous trouvons les indications suivantes.

Les terrains quaternaires, crétacés et dévoniens constituent le Sahara septentrional.

La contrée de Ouarglâ forme une cuvette quaternaire dont les bords vont reposer en stratification concordante sur des hamadas ou plateaux crétacés, dont les altitudes sont de 350 mètres environ à l'est et au sud, et de 450 mètres à 600 mètres à l'ouest, depuis El Goléa jusqu'au Mzab.

« Dans le sud, à 400 kilomètres d'Ouarglâ, les plateaux crétacés ont seulement 50 kilomètres à 100 kilomètres de largeur. Ils se terminent par des escarpements de 50 mètres à 100 mètres de hauteur. De larges vallées séparent ces escarpements, des plateaux dévoniens du massif central touâreg, qui s'élève peu à peu vers le sud et dont l'altitude dépasse 800 mètres, près de l'Oued Tidjoudjelt, non loin du lac Mengkhough. Le massif central lui-même se divise en plusieurs plateaux, séparés les uns des autres par des vallées remplies d'alluvions et analogues à la vallée de l'Oued Igharghar.

» Aux environs d'Ouarglâ, le terrain quaternaire a une puissance de près de 100 mètres. Il est formé par des grès à éléments quartzeux, dont le ciment est argileux ou calcaire. Vers Ouarglâ, ces éléments constitutifs sont des grains roulés de quartz hyalin.

» Les grès sont généralement jaunes, tantôt quartzeux, tantôt argileux, tantôt calcaires. Au centre de la cuvette quaternaire, la partie supérieure de l'étage est ordinairement formée par un calcaire, parfois tufacé, mélangé de petits grains roulés de quartz.

» Au sud d'Ouarglâ, dans la région des Kantras, le terrain quaternaire a subi de fortes érosions. »

Des dunes, atteignant jusqu'à 200 mètres de hauteur, recouvrent une grande partie de la surface du quaternaire.

La partie la plus importante du travail de M. Roche, au point de vue du Transsaharien et au point de vue géologique, est celle où il signale « l'existence, au milieu du grand Erg ou massif des grandes dunes au sud d'Ouarglâ entre Aïn Mokhanza et El Beyyodh, d'une large région plane de 250 kilomètres de longueur, recouverte seulement de dunes isolées, parallèles, allongées dans la direction du méridien magnétique et distantes les unes des autres de plusieurs kilomètres. C'est dans la partie orientale de cette région que se trouve dirigé aussi nord-sud magnétique, le lit de l'Oued Ighargha, lit sans berges, marqué par des fragments de lave roulés et par quelques coquilles d'eau douce, cyrènes et planorbes. Le parallélisme des dunes et de l'Oued Igharghar montre entre ces deux phénomènes une certaine corrélation. »

Plus loin, les escarpements qui suivent les deux hamadas ou plateaux, situés entre El Beyyodh et Timassinine, sont signalés comme correspondant à deux étages successifs du crétacé, le turonien et le cénomanien.

Le premier est terminé par un escarpement de 80 mètres, « composé d'une corniche de calcaire dolomitique de 10 mètres, couronnant une masse de marnes ». Le second présente une formation identique.

M. Roche a trouvé dans le banc calcaire supérieur des fossiles nombreux de cénomanien supérieur qui sont cités dans sa note à l'Institut. Il en conclut que cet escarpement correspond à l'étage vu par son collègue M. Rolland, près de Goléa, tandis qu'il rattache le premier escarpement à l'époque turonienne.

D'après ses observations, le plateau des Touâreg Azgar est constitué par des grès quartzeux noirs, à cassure blanche, cristallins, très durs, qui passent quelquefois à des schistes argileux micacés. Il y a rencontré quelques gisements de minerai de fer peroxydé, et des fossiles qui lui font rattacher le plateau à l'étage dévonien moyen. Enfin, il attribue les laves scoriacées des vallées de l'Igharghar et des Igharg-haren à d'anciens volcans du massif central des Touâreg.

« Tous les terrains du Sahara septentrional, dit-il plus loin, sont en couches à peu près horizontales. D'où il résulte que les accidents topographiques sont dus à de grands phénomènes d'érosion, qui se sont continués au delà de la période quaternaire. »

S'occupant ensuite de la nappe aquifère, il en constate l'existence à la base du quaternaire, depuis Ouarglâ jusqu'à Aïn Taïba et au delà. Il considère la nappe artésienne de Ouarglâ comme le prolongement de celle de l'Oued Rhir et admet que celle de Timassinine doit venir du sud par les vallées de l'Igharghar et des Igharghâren.

PARIS. — IMPRIMERIE ÉMILE MARTINET, RUE MIGNON, 2.

ERRATA

Page 67, 1re ligne, *lisez :* Tebalbalet au Hamada d'El Biodh..., *au lieu de :* Tebalbalet ou Hamada d'el Biodh.

Page 67, 6me ligne, *lisez :* en vérifiant de visu leur exactitude, *au lieu de :* en en vérifiant de visu l'exactitude.

Page 68, 16me ligne, *lisez :* les ingénieurs qui..., *au lieu de :* les ingénieurs de la mission Choisy qui. .

Page 74, 15me ligne, *lisez :* sorte d'humour....., *au lieu de :* sorte de d'humour.

Page 90, 27me ligne, *lisez :* Hadj Hassen, *au lieu de :* Aadj Hassen.

Page 101, 18me ligne, *lisez :* Amguid, *au lieu de :* Amhuid.

Page 105, 10me ligne, *lisez :* Tanezrouft, *au lieu de :* Tanjzerouft.

Page 125, 5me ligne, *lisez :* ont été résumés ci-contre, *au lieu de :* peuvent se résumer comme il suit.

Page 129, 1re ligne, *lisez :* et les mobiles..., *au lieu de :* et sur les mobiles...

www.ingramcontent.com/pod-product-compliance
Ingram Content Group UK Ltd.
Pitfield, Milton Keynes, MK11 3LW, UK
UKHW020225220726
13923UKWH00002B/525

9 782019 681227